U0930515

数字化时代金融发展研究

高 菲 陈 颖 著

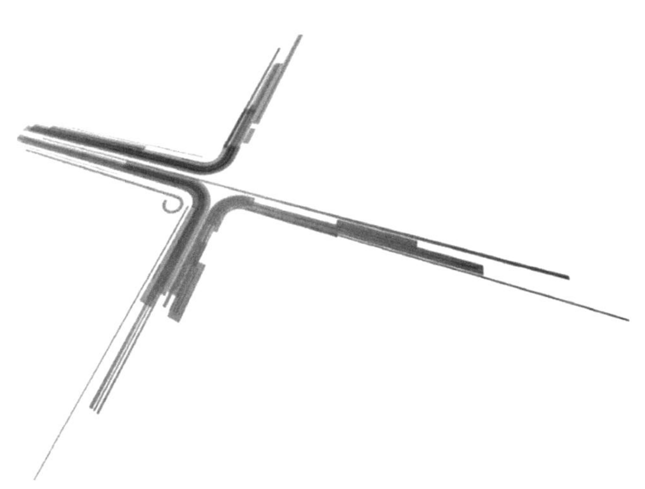

中国商务出版社
·北京·

图书在版编目(CIP)数据

数字化时代金融发展研究/ 高菲,陈颖著. --北京:中国商务出版社,2024.7. -- ISBN 978-7-5103-5175-4

Ⅰ.F832.1-39

中国国家版本馆 CIP 数据核字 2024N5Q064 号

数字化时代金融发展研究

高菲　陈颖　著

出版发行:中国商务出版社有限公司
地　　址:北京市东城区安定门外大街东后巷 28 号　　邮　编:100710
网　　址:http://www.cctpress.com
联系电话:010-64515150(发行部)　　010-64212247(总编室)
　　　　　010-64269744(商务事业部)　　010-64248236(印制部)
责任编辑:李　阳
排　　版:廊坊市展博印刷设计有限公司
印　　刷:北京建宏印刷有限公司
开　　本:710 毫米×1000 毫米　1/16
印　　张:11.5　　字　　数:280 千字
版　　次:2024 年 7 月第 1 版　　印　　次:2024 年 7 月第 1 次印刷
书　　号:ISBN 978-7-5103-5175-4
定　　价:78.00 元

凡所购本版图书如有印装质量问题,请与本社印制部联系
版权所有　翻印必究(盗版侵权举报,请与本社总编室联系)

PREFACE 前言

数字金融是现代金融体系的重要组成部分。传统金融支持转型中的实体经济有两个明显的短板:支持经济创新的能力不足和服务普惠客户的能力不足。而这两个短板对于我国经济形成“双循环”却又至关重要。国内经济大循环的核心是供求两方面良性循环起来,供求质量的关键是创新与效率,而需求稳定的基础是共同富裕。如果国内经济大循环能够顺畅地运转起来,我国经济就可以保持持续增长,国内市场甚至可以成为全世界共享的大市场,这样国内经济大循环与国际经济大循环就可以找到一个新的耦合点。因此,实现金融在数字化时代的持续发展至关重要,正基于此,编写了本书。

本书共六章内容。第一章为数字金融概述,介绍了数字金融的概念、发展动因与影响、发展概况及其演变趋势。第二章为数字化时代的金融相关理论,介绍了金融创新理论和金融抑制理论、金融中介理论和普惠金融理论、金融脆弱性理论和风险理论、信用理论和信息不对称理论、金融监管理论与大数据理论。第三章为数字技术在金融领域的应用,介绍了人工智能技术、区块链、云计算技术在金融领域的应用。第四章为数字化时代金融架构变革,分别介绍了新一代金融企业数字化架构,新连接:数字装备,新动能:数字大脑。第五章为金融企业的数字化平台,介绍了金融企业中台建设的本质、方法论和金融企业业务中台建设。第六章为金融业数字化转型升级,介绍了金融机构数字发展新格局、推动金融科技与数字经济健康融合发展、国有大型银行数字化转型行稳致远、实施银行业保险业数字化转型战略、银行数字化转型:对公业务与内部管理新课题。

本书参考了若干报告、专著和文献资料,在此特向有关作者表示诚挚感谢。限于本人水平,本书难免存在疏漏和局限之处,敬请读者朋友不吝赐教,指出本书中的谬误,这将是对我们莫大的帮助。如果书中尚有些许共鸣之处,则是对我们最大的奖赏。

作　者

2024 年 4 月

CONTENTS 目录

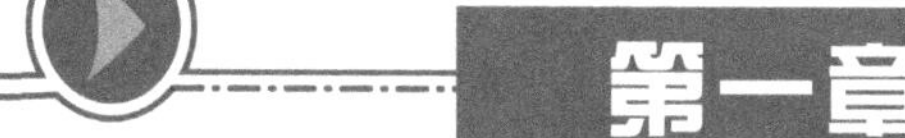

第一章 数字金融概述

第一节 数字金融的概念

一、数字金融的内涵与外延

(一)数字金融的基本内涵

数字金融(digital finance),顾名思义就是数字加金融,其实质是一种基于数字技术的金融创新活动。从国内外实践看,数字金融这一术语的使用虽然已经十分广泛,但迄今为止尚缺乏明确一致的标准定义。除了数字金融这一术语外,金融科技、互联网金融等也常被用于描述这种创新金融活动。

事实上,数字金融在中国乃至全世界并非新生事物。从 1989 年 10 月英国米特兰银行创办全球第一家直销银行算起,数字金融到如今已经超过 30 年。最近十来年,数字金融作为一种新兴金融创新在中国取得飞速发展。从 2013 年余额宝上线,到互联网金融的快速兴起,从移动支付的普及到人民银行数字货币(DCEP)的试点落地,数字金融已经成为中国数字经济的重要组成部分,中国在全球数字金融的发展中更是处于领先地位。2022 年 1 月,中国人民银行印发《金融科技发展规划(2022—2025 年)》①,明确金融数字化转型的总体思路、发展目标、重点任务和实施保障。世界范围内,特别是中国的发展为数字金融

---

① 中国人民银行.金融科技发展规划(2022—2025 年)[J].中国金融家,2022(1):1.

这一金融创新事物带来了丰富的内涵。因此,结合数字金融的前沿发展,综合金融理论界的各类提法,数字金融的概念可以简要表述为:数字技术在金融领域的全面渗透和应用。其含义包括以下三个方面。

第一,数字金融的基础是数字技术。这里的数字技术,也称数字科技,是指将各种传统信息资源转换为计算机能够识别的数字形式的技术。或者说,数字技术是用于生成、存储或处理数据的电子工具、系统、设备和资源。数字技术的前沿发展包括但不限于大数据、云计算、人工智能、区块链等,以及已经进入前期应用的5G(第五代移动通信)技术。与技术进步一样,数字技术本身也将经历一个不断变化的过程,人类的技术进步永不停息,数字技术的发展也会永不停息。

第二,数字技术在金融领域的应用是全局性而非局部性的,而数字化则是其前提。数字经济时代,所有的生产要素和生活要素都将数字化。就金融行业而言,一方面,一系列新的数字化工具正在深刻地重塑金融业务的各个方面,推动着金融范式的变革,其覆盖范围不仅包括以数字科技公司为先导的创新金融业态,也包括传统金融业的数字化改造;另一方面,数字技术对金融的渗透和重塑,不仅取决于技术的先进性与可行性,更取决于行业对数字技术的需求和对先进数字技术的成本消化与吸收能力。因而,金融领域的数字化变革不会一蹴而就,而是一个不断渗透的持续变革的过程。

第三,数字金融是金融与科技融合的高级发展阶段,是金融创新和金融科技的发展方向。《中国数字金融创新发展报告(2021)》认为,数字金融在金融数据和数字技术的双轮驱动下,金融业要素资源实现网络化共享、集约化整合、精准化匹配,进入金融与经济协同发展阶段,实现金融高质量发展,推动数字经济和实体经济融合。

(二)数字金融的外延

与数字金融的内涵相匹配,数字金融的外延也有狭义与广义之分。狭义的数字金融在外延上,指的是数字技术与金融业务应用相结合所形成的各类金融业态。广义的数字金融在外延上则对应金融业的数字化变革所形成的金融新范式,不仅包含数字金融的主要业态,还包含金融业的数字化转型与重塑,中央银行的数字货币发行、流通机制与相关政策调控,数字金融风险控制与监管以及数字金融宏观调控与政策协调。

由上可知，不同含义的数字金融，分别对应着不同的研究对象。有鉴于此，我们对数字金融的讨论采用广义的概念，包括以下几方面内容：

①数字金融的底层技术，包括数字与数字信号处理技术、数据存储技术、数字通信技术、数字传输与计算技术，以及大数据、人工智能等新型信息技术；

②数字金融的行为主体，包括从事数字技术与金融创新活动的科技公司与金融机构，以及数字金融的监管与调控机构；

③金融业的数字化转型与重塑；

④数字金融的主要业态，包括金融模式、金融产品与金融服务；

⑤基于不同数字金融主体功能的风险监管；

⑥数字金融条件下的金融宏观调控与政策协调。

数字金融的基本内容如表 1-1 所示。

表 1-1　数字金融的基本内容

数字技术	数字金融(狭义)	数字金融(广义)
数字与数字信号处理技术 数据存储技术 数字通信技术 数字传输与计算技术 ……	基础设施 支付清算 融资筹资 投资管理 数字化保险	数字金融业态 金融业的数字化转型与重塑 中央银行数字货币发行、流通机制与政策 数字金融风险控制与监管 数字金融宏观调控与政策协调

二、数字金融的性质

理解数字金融的概念需要把握以下三个方面：数字金融的本质属性、数字金融与传统金融的关系、数字金融与传统金融共同面对的信息不对称问题。

(一)数字金融的本质属性

数字金融的本质仍属金融，科技仅仅是金融活动赖以实现的一种技术手段，数字技术与金融的结合所构成的数字金融，仍然具有金融本身所固有的基本属性。

首先，无论数字金融的形式如何发展，金融的本质永远都是一种信用关系，互联网、移动通信等技术可以改变人们的沟通方式和效率，但改变不了经济活动中经济行为人之间最基本的信任关系。其次，数字金融仍然是以货币信用工具为载体，并通过货币信用工具的交易，在金融市场中发挥作用来实现货币资金使用权的转移。虽然在数字金融条件下，货币信用工具转变成了数字形式，但同样必须接受国家金融制度和货币调控机制的监管和调控。最后，商业银行的信用创造机制作为现代金融的核心这一客观事实也不会因数字技术的介入而被改变，因为商业银行的信用创造机制不属于金融的技术层面，而是一个金融的基本制度安排。作为一种制度设定，商业银行获得了现代金融体系中创造信用货币的独特功能，这一功能显然无法由信息技术手段本身自动衍生获得。因此，理解数字金融时，需要突出强调数字金融首先具有金融的属性，它改变的仅仅是金融活动实现的技术形式，虽然它可能改变金融的风险收益特征，但金融的本质内涵并未因此而发生改变，这意味着金融这一经济学概念的特殊规定性和相关范畴仍然适用于数字金融的分析。

(二)数字金融与传统金融的关系

根据我们对数字金融概念的理解，数字金融有广义与狭义之分。从广义上讲，无论是非金融机构的科技企业涉足的金融业务，还是金融机构通过新信息技术开展的业务，同属数字金融。从狭义上讲，数字金融是科技企业依托云计算、大数据、电商平台和搜索引擎等互联网工具而产生的一种新兴金融模式，具有融资、支付和交易中介等功能。就两者的关系看，数字金融与传统金融不是相互替代而是相互补充、相互促进的关系。数字金融的发展是对传统金融行业的有益补充和延伸，有助于解决中小微企业融资难问题，促进民间融资阳光化、规范化，更好地支持实体经济发展；而传统金融机构发展数字金融则是对数字金融的肯定和吸纳，传统金融机构利用新兴信息技术来达到机构网点空间布局优化、降低经营成本、提高金融服务整体效益的目标。

(三)信息不对称

金融交易的前提是信用，信用实现的必要前提是市场参与者具有相对完备的信息。一般而言，金融机构拥有的信息优势是金融消费者无法比拟的，金融消费者很难获得金融机构在产品创新、产品定价和风险控制等方面的完备信息，尤其是当金融机构为了自身利益，延迟或拒绝披露相关信息时。因此，对信息不对称及其相关问题的处理，便构成了现代金融学的核心问题。

迄今为止，以互联网为代表的新信息技术成功地解决了信息不充分的问题，但远未能很好地解决信息不对称的问题。因此，学习和研究数字金融时需要明确，无论是数字金融还是传统金融，从现代金融的视角看，都需要切实解决信息不对称、逆向选择与道德风险等基本问题，在实现储蓄向投资的转化过程中，不能认为有了科技这些问题就可以自动消失，对此应当保持清醒的认识，否则，科技对金融的无限制渗透很可能失控，而其无所不在的网络效应将会对任何金融模式所必需的稳健性安排框架带来不可预估的系统性风险隐患。

综合上述，对数字金融概念的理解，应当明确，数字金融的本质仍属金融，同样具有金融风险的隐蔽性、传染性、广泛性和突发性；数字金融与传统金融不是替代关系甚或是颠覆性关系，而是相互补充、相互促进的关系；数字金融与传统金融同样面临信息不对称及其与之相伴而来的逆向选择、道德风险等问题，这些问题不会因为新兴技术的普及运用而自动消失，反而会因为互联网强大的网络效应而逐步扩大。

第二节　数字金融的发展动因与影响

一、数字金融产生和发展的推动因素

推动数字金融产生和发展的主要因素有三个：技术进步（供给因素）、需求因素、金融体系与监管政策环境因素。

（一）供给因素：技术进步

技术进步是金融创新的基础。有史以来，技术创新始终与金融发展相辅相成。事实上，整个人类的金融史，就是一部与数字技术相伴而生的同步发展史。历史上，当5000年前的古代苏美尔神殿的神职人员第一次将销售家畜的数量用木笔或芦苇笔刻记在待烘干的软泥板上时，数字技术就已与金融结下了不解之缘。5000年后的今天，古老的泥板计数技术已经演变成为一整套系统发展的全新数字工具，改变着人类社会生活的方方面面。

21世纪，以信息网络技术为核心的第三次科技革命，颠覆性地改变了工业革命形成的经济形态和增长模式。

伴随着数字科技产业的迅速发展，海量数据信息加速沉淀，数字化的知识和信息成为关键生产要素。数字科技企业在与传统金融体系交互的过程中，业务模式从跨界渗透向纯数字服务提供商转变，以其数字科技输出，从场景、用户、产品和运营四个维度服务于金融。

(二)需求因素

促进数字金融的需求因素主要包括互联网、移动通信的普及,电子商务与普惠金融。

1. 互联网、移动通信的普及

互联网、智能手机的普及拉近了金融服务提供商与用户之间的关系,并带来广泛的信息分享,使用户群特别是年轻群体的金融消费心理发生变化,他们更偏好于能够提供更多便利、更多选择、随时随地接入的数字金融产品与服务。移动互联网用户对交易的需求、对金融服务的需求变得更加个性化,体验要求也变得更高。这创造出了对新金融产品和服务的需求,推动了移动支付、网上银行等产品相继问世。

2. 电子商务

国际知名研究机构 Forrester 发布了《2024 年至 2028 年全球零售电商预测》报告。数据显示,预计全球电商销售总额将从 2023 年的 4.4 万亿美元增长至 2028 年的 6.8 万亿美元,占全球零售额的 24%,复合年增长率(CAGR)将达到 8.9%。

电子商务发展产生了庞大迅捷支付结算的迫切需要,直接催生了网上支付。网络用户数量的增长、电商的促销优惠活动以及网络购物方便等特点都对网上支付的发展起到了促进作用。总之,电子商务的快速发展派生出对数字金融服务的强大需求,从简单货物贸易支付到为企业发展提供贷款,再到支持企业转型升级的全方位便捷的金融服务。

3. 普惠金融

普惠金融是指立足机会平等要求和商业可持续原则,以可负担的成本为有金融服务需求的社会各阶层和群体提供适当、有效的金融服务。

借助数字技术发展普惠金融对发展中国家及新兴市场具有特别重要的意义。对新兴市场而言,典型如中国,由于金融发展与改革滞后,金融服务覆盖率较低,普惠金融在探索和实践过程中,都会面临传统金融机构网点覆盖率低、专业人手不足、作业成本高、信用信息采集难等问题。这些问题的存在直接导致小微企业和无信用记录或信用记录不足的个人难以从银行等传统金融机构获得相应的金融服务。互联网及移动支付使偏远地区和贫困人群等过去被“忽视”的群体成为金融业务的真实用户，从而保证了充足的用户数量，为数字普惠金融发展留出了巨大的业务拓展空间。

(三)金融体系与监管政策环境因素

除上述供求驱动的因素外，金融体系与监管政策环境也是数字金融发展的重要推动因素。

2008 年国际金融危机之后，全球金融格局发生了相当大的变化。银行风险偏好大幅降低，减少了放贷活动，社会上大量的金融服务需求无法得到满足，这为数字金融创新产品提供了市场进入机会。举例来说，网络借贷的拓展就是因为它可以为那些得不到银行贷款的小企业或高风险消费者提供资金。

宏观经济条件与监管合规提升了成本压力。2008 年国际金融危机后，全球长期的低利率环境给金融机构利润带来了下行压力；全球金融合规程度的要求普遍提高，也导致金融业监管合规成本大幅上升。运营与合规成本的上升加大了金融机构削减成本的积极性。数字科技通过提供廉价的支付清算解决方案、采用新技术可以帮助金融机构有效降低成本。

此外，政策支持与相对包容的监管政策环境也是促进数字金融发展的重要条件。为促进数字金融的发展，各国在政策上提供了更多鼓励和支持。例如，近年来，英国、新加坡、澳大利亚等国家相继推出创新中心、创新加速器，鼓励在本国发展数字金融。在监管上，监管当局同样对数字金融在监管方面采取了创新措施，以包容并支持其发展。如英国采纳沙盒计划、项目创新等监管创新方式，配合减税方案，推进英国数字金融的竞争和创新。此外，监管当局对数字金融初创企业的监管也不像对传统金融机构那么严格，这给暂时未被纳入监管框架的数字科技以及一些创新的业务模式提供了极为有利的发展机遇。

面向未来，面对人类社会生活的种种不确定性，数字经济与实体经济、虚拟空间与现实空间的高度融合将是人类社会的必然选择。发展数字金融对于人类经济社会应对未来不可预测的风险将发挥重要作用。

总之，在技术进步外部驱动和转型发展内生需求的共同作用下，大数据、人工智能、区块链等技术与金融的结合，催生并加快了数字金融的产生和发展。

二、数字金融的经济影响

数字金融将对金融服务的提供方式产生重大影响，颠覆金融行业的发展格局,创造出效率更高、社会覆盖面更广的全新金融模式,实现更高效的金融服务。数字金融的快速发展一方面带来新的机遇,另一方面也存在潜在风险和监管挑战。

(一)数字金融对金融服务业的主要影响

数字金融对金融服务业的主要影响:去中心化,增加非金融机构中介,提升金融体系的效率、透明度、竞争性和韧性,促进普惠金融和经济增长。

1.数字金融可以克服中心化交易结构的固有缺陷,减少信息不对称

数字金融的分布式去中心化平台、大数据、云计算等新型数字技术将显著影响金融行为人的信息不对称行为,赋能传统金融行业,为产品本身注入区别于传统金融产品的能力,以科技带动金融业务的革新,提升金融体系透明度、降低信息不对称。

2.降低金融服务成本,提高金融服务效率

数字金融摆脱了对金融实体网点的依赖。数字技术的进步使物理基础设施(如建筑物、分支机构和自动柜员机)不再是提供金融服务的先决条件。从技术层面上看,完全可以建立不具备有形基础设施的“虚拟银行”,通过互联网、智能手机、云计算、人工智能和分布式账本技术来提供金融服务、进行投资决策和管理风险。数字金融使金融服务虚拟化,这将极大地降低金融服务的成本。数字金融还可以使金融服务与电子商务、共享经济和大数据分析相结合,从而实现规模经济,创造出新的附加值。

3.促进普惠金融和经济增长

传统模式下,普惠金融之所以发展缓慢,主要是因为银行服务成本高。得益于数字技术的创新应用,从业机构通过移动通信、无线网络等数字技术,让金融服务遍及乡村、偏远地区等,为占大多数的中小微企业和低收入人群提供服务,显著提升金融服务的可获得性,有效扩大金融服务的覆盖面。例如,我国的支付宝和微信支付现在都拥有近10亿用户,同时利用大数据征信替代抵押资产进行风险评估,从而解决了之前很难解决的获客难问题,较好地控制了信用风险,极大地推进了普惠金融的发展,促进了经济增长。

4.全面实现金融服务个性化

数字金融运用大数据来分析私人客户,促进个性化的金融服务,帮助金融

业更便捷地提供定制化服务。新型信息技术创造出的“智能合同”有助于防范道德风险。

5.数字金融还可以吸引科技企业进入，提升金融体系的竞争性和韧性

科技企业的进入将打破传统金融的固有疆域，提高金融体系的竞争性，刺激商业银行等金融机构借助新兴科技改造传统业务，探索新一代金融服务模式，提供基于价格实时发现、资源精准匹配、产品按需提供、服务随时响应和风险智能经营的高价值综合金融服务。

（二）数字金融的经济影响

数字金融通过多元化的有效竞争，可以减少信息不对称，提高金融服务效率，但也带来了隐私保护与信息安全，支付、结算和金融稳定等方面的诸多挑战。

1.消费者隐私保护与信息安全

大数据是数字金融的核心要素，对其运作至关重要，而如何收集、处理和使用消费者的个人数据不仅是一个富有争议性的话题，也是监管部门最关心的问题。对于数字金融应用而言，用户信息很可能在使用数字金融应用程序的过程中丢失或被盗，移动设备的安全性也可能通过支付程序受到损害。此外，由于信任在采用新技术方面发挥着重要作用，如何进行安全和隐私保护也是个难题。尽管许多国家对个人信息的保护有严格规定，但由于在线信息的流动性，对信息的获取、处理和使用的监管难以实施。这导致网络犯罪活动日益猖獗，并逐步演化成目前全球性的挑战，如何加强对数据本身的保护已经成为维护网络安全的首要问题。

2.金融体系稳定性

数字科技公司可能部分或全部取代传统金融机构的中介职能。例如，以前客户需要到银行才能办理存贷款等业务，现在只要通过数字金融平台或者第三方支付渠道就可以办理了。这种影响将威胁关键金融服务的提供，而一旦相关金融服务中断或提供这些服务的被监管机构遭遇脱媒，会对实体经济产生严重的负面影响。

当代金融体系均是以中心化模式为基础的，货币发行、支付结算、信贷提供

都是中心化的，全部由中央银行统一管理、统一规范、统一调控。同样，与传统金融模式相对应的监管形式也是中心化的监管框架。而数字金融的基础架构是去中心化网络。当前分布式、去中心化和针对平台的数字金融创新，对之前集中的、中心化的和针对单一机构的监管框架形成极大的挑战。例如，传统上，监管当局的监管信息主要来自被监管机构的资产负债表，并据此设立资本充足率、杠杆率和流动性标准等监管指标对金融机构资产负债活动加以约束，以实现并维护金融稳定。但对于网络借贷公司这类机构，监管部门很难从中获得关于此类金融中介的充足信息，也无法有效地约束其资产负债活动。

在货币政策工具方面，第三方支付、网络借贷、互联网基金销售等数字金融业务，降低了各类金融资产之间的转换成本和时间成本，使金融市场对利率变得更敏感，有助于提高价格型货币政策工具的有效性。但同时，部分数字金融业务具有一定的货币创造功能，使传统货币层次边界变得模糊，钉住广义货币供应量的货币政策效果会降低。在货币政策传导机制方面，数字金融增加了金融市场流动性需求的不确定性，可能导致市场波动性加剧，增加中央银行公开市场操作的难度和成本。在货币政策的中介目标方面，伴随着互联网支付等电子化货币规模的快速扩张，流通中的现金数量将会减少，使货币乘数、流通速度以及需求函数的估算面临着更多不确定性，从而降低传统货币政策中介目标的有效性。

总之，数字金融通过多元化的有效竞争，可以减少信息不对称，提高金融服务效率，但与此同时，也给支付、结算和金融体系的稳定性带来新的挑战。数字金融的发展需要政策当局权衡创新、发展、金融稳定和消费者保护多方利益，出台监管与金融稳定政策。

第三节　数字金融的发展概况及其演变趋势

一、全球数字金融发展概况

（一）数字金融的发展阶段

以新型数字技术和创新商业模式演进两方面内容为依据，数字金融发展历程可分为以下三个阶段。

第一阶段：数字金融1.0阶段（1980—1989年）。这一阶段的主要特征是金融服务数字化程度不断提高，金融行业通过信息技术的软硬件应用来实现办公和业务的电子化、自动化，从而压缩营运成本，提高服务效率。其标志性事件是直销银行的出现：1989年10月，英国米特兰银行创办了全球第一家直销银行并取得了成功。之后，欧美其他金融业发达国家也相继建立了自己的直销银行。直销银行的出现，标志着数字金融时代的开启。

第二阶段：数字金融2.0阶段（1990—2010年）。在数字金融2.0阶段，科技与金融的合作更加深入，以互联网金融为典型。这一时期的标志性事件主要有：1990年，移动支付出现；1992年，美国第一家互联网经纪商E-trade（电子贸易）成立；1995年，全球第一家互联网银行美国安全第一网络银行（Security First Network Bank，SFNB）成立；1998年，最早的在线支付工具贝宝（PayPal）在美国诞生；20世纪90年代末期，电子货币与货币基金对接，保险公司网络直销和第三方"搜索＋比价"等平台出现；2003年，互联网股权众筹问世，数字金融引起各国普遍关注；2004年，我国支付宝上线；2005年，第一家网络贷款平台（P2P）Zopa上线。

这个阶段的主力军是非金融机构的互联网科技与电子商务企业，跟进者是传统金融机构。前者依托互联网技术与信息通信技术独立提供金融服务或者与金融机构合作推出金融服务；而后者则通过搭建在线业务平台，利用互联网或者移动终端的渠道来汇集海量的用户和信息，实现金融业务中的资产端、交易端、支付端、资金端组合的互联互通。这一阶段的本质是对传统金融渠道的变革，实现信息共享和业务融合。

第三阶段：数字金融3.0阶段（2011年至今）。这一阶段，互联网不再是推动数字金融的最主要动力，而是作为数字金融的基础继续存在，以大数据、云计算、人工智能、区块链为代表的新数字技术成为推动数字金融的新兴动力。在互联网基础上，这些新技术与金融全面融合，改变了传统的金融信息采集、风险定价模型、投资决策过程、信用中介角色，解决了传统金融的痛点，全面提升了传统金融的效率。这一时期的标志性事件主要有：2015年10月，美国纳斯达克证券交易所发布了全球首个区块链平台Ling；2016年9月，英国巴克莱银行完成首个基于区块链技术的交易；2019年6月，脸书（Facebook）正式发布稳定币（Libra）白皮书；2020年4月，中国人民银行数字货币在国内城市——深圳、苏州、成都和雄安启动内部测试。

从数字金融发展历程来看,其初衷是通过技术创新降低获客成本,为营销获客、身份认证、风险定价及资金流转等环节提供技术支持,快速介入金融市场。伴随着网络的普及、大数据和人工智能的应用,尤其是区块链的研发,信息技术和金融的融合不断突破现有金融的边界,深刻改变着金融服务的运作方式。数字金融正从根本上改变着金融服务,并为各国经济增长创造新的发展机遇,造福金融消费者。

(二)监管科技兴起

监管科技,是指将大数据、云计算等新信息技术用于数字金融企业与金融机构的合规性监管,使之达到监管要求。

当前,“适度监管、鼓励创新”的监管理念已成共识,更多国家开始采取监管沙盒机制、设立专门监管机构、完善相关立法等措施。一方面,数字金融的迅猛发展,使金融风险的表现形式发生了巨大变化,监管部门必须采取更加有效、便捷的技术方式才能适应金融市场瞬息万变的业务和风险形势;另一方面,各国政府开始意识到数字金融创新的价值,也发现提升银行系统的效率有利于推动经济的全面发展。由于数字金融的发展与政府的目标不谋而合,因此政府机构和金融管理机构愿意大力支持数字金融企业的发展,加快完善新技术冲击下的监管规定。

2020 年 10 月金融稳定委员会发布的有关合规科技和监管科技运用情况的报告显示,接受调研的样本国家已制定监管科技、创新或数据战略。例如,除英国、澳大利亚、新加坡、马来西亚和泰国早在 2016 年就已推出了针对数字金融的监管沙盒机制外,欧洲证券和市场管理局《2020－2022 年战略方向》提出,创建欧盟证券市场数据中心,实施新型数字监管策略。拟采用新监管策略的国家还包括西班牙,2020 年 7 月,西班牙政府出台了“数字 2025 计划”(Espana Digital 2025),推进数字化转型、可持续发展、监管人员远程作业以及精简行政审批流程。而在人工智能和机器学习的治理与管控方面,国际证监会组织已就采用人工智能和机器学习技术的市场中介机构与资产管理机构适用的监管制度征求意见(征求意见于 2020 年 1 月结束)。

在中国,金融业数字化转型及数字金融业态日益丰富,但也带来了一系列风险问题,引发监管关注。在此背景下,国家出台了一系列以风险防控为核心的监管政策将其纳入监管，推出了以监管沙盒引领差异化监管的新型监管方式。2019 年 8 月，中国人民银行印发《金融科技发展规划（2019－2021 年）》，提出到 2021 年建立健全金融科技发展的“四梁八柱”，构建监管科技体系；继 2021 年金融科技首个三年规划顺利收官后，2022 年初，中国人民银行印发了《金融科技发展规划（2022－2025 年）》，为金融科技未来四年的发展确定了目标和方向。

当前，中国监管科技日益完善，金融科技应用试点不断展开，中国版“监管沙盒”逐渐成形；数据保护进一步制度化、规范化。监管科技在交易行为监控、合规数据报送、法律法规跟踪、客户身份识别、金融压力测试等多个场景已经获得初步应用。

二、中国数字金融发展概况

从广义金融与科技相结合的角度，中国数字金融的发展也可划分为三个阶段：政府主导科技和金融结合试点、技术驱动金融模式创新、数字金融规模化创新升级。

（一）政府主导科技和金融结合试点

1993 年，中国科技金融促进会宣布成立。2001 年，科学技术部、人民银行等部门确定 16 个地区为首批促进科技和金融结合试点地区。互联网及数字技术的出现，使一些基础的金融业务得以升级，传统金融机构开始构建信息系统，成为中国数字金融的原始起点。2004 年，支付业务的出现使数字金融从后台支撑开始走向前端。这一阶段仍以政策主导、产业基金扶持技术发展为主要特征。

（二）技术驱动金融模式创新

2007 年，拍拍贷成立，标志着数字金融真正深入金融核心业务，并结合互联网特征衍生出一系列风险评估的新模式。2013 年前后，随着支付宝、点融网等新模式的出现，逐渐衍生出网络借贷、股权众筹等新金融服务，传统金融纷纷展开互联网化战略布局。2014 年底至 2016 年初，网络借贷成为创业和投资风口。以 e 租宝案为节点，多家网络借贷平台纷纷倒闭，人民银行、证监会、银监会等部门介入互联网金融行业监管。这一阶段，人工智能、大数据、区块链等技术逐渐渗透至金融行业，促进了金融服务模式的不断创新。

（三）数字金融规模化创新升级

2016 年以来，以大数据、云计算、区块链、人工智能等为代表的数字金融逐渐成为金融行业的热门话题。2016 年至今,数字金融成为投资热点,出现了互联网银行、供应链金融、智能投顾、互联网保险等数十种新金融业态。金融业将不再只专注于金融业务本身,而是与科技产业资源要素进一步融合。这一阶段,数字金融将回归金融与科技本身,基于战略性新兴技术融合创新,将推动新金融合规化、高效化、个性化。

从体量规模上看,中国已经是全球数字金融领域的绝对主导者。其中,中国的电子支付规模远远领先于其他国家,占全球总体规模的近一半;在互联网金融领域,2017 年中国市场规模已占据全球市场规模的 75%。

就金融与科技的融合来看,包括蚂蚁金服、腾讯、平安集团等在内的诸多企业,已经把人工智能深入产品、服务等各个领域。

三、数字金融的演变趋势

随着金融与科技的不断融合,全球数字金融呈现出以下发展趋势。

(一)前沿数字技术引领创新

当前,技术应用正在从技术手段支撑向引领创新转变,未来几年,前沿技术应用将实现重要突破,人工智能、区块链应用的加速发展将进一步推动金融服务颠覆性创新与重塑。

从目前人工智能在金融领域的应用趋势来看,计算智能通过与大数据技术的结合应用,已经覆盖营销、风控、支付、投顾、投研、客服各金融应用场景。传统金融中很多简单的重复性工作将被人工智能取代(如客服)。

区块链技术近年来一直受到广泛关注,其技术公开、不可篡改和去中心化的技术属性,使其拥有在金融领域应用的先天优势,主要解决非信任网络的记账问题。未来,区块链技术将获得更广泛的应用。

(二)行业格局从竞争竞合到融合共赢

在数字金融发展初期,先进数字科技公司依托技术、平台、流量优势,从网络支付切入,逐步向网络融资、资产管理等金融领域渗透,迅速积累了大量客群,对传统金融机构形成了冲击。近年来,随着金融机构加快数字化转型,科技公司在创新、技术、数据等方面赋能,整个金融行业正在走向前台,走向融合共赢。很多金融机构积极打造“开放银行”,与合作伙伴共建场景生态,积极开展多平台接入、全场景营销,拓展新的获客渠道,寻找新的发展引擎,助力实体经济数字化发展。而在强监管背景下，新进数字金融公司也需要明确业务领域，依法合规经营，通过提供数字科技服务，在新的金融生态下，夯实长久立身之地。

（三）监管科技进一步发展

随着数字金融的广泛应用，传统金融模式下事后的、手动的、基于传统结构性数据的监管范式已不能满足数字金融新业态的监管需求，以降低合规成本、有效防范金融风险为目标的监管科技正在成为数字金融的重要组成部分。

利用监管科技，一方面，金融监管机构能够更加精准、快捷和高效地完成合规性审核，减少人力支出，实现对金融市场变化的实时把控，进行监管政策和风险防范的动态匹配调整；另一方面，金融从业机构能够无缝对接监管政策，及时自测与核查经营行为，完成风险的主动识别与控制，有效降低合规成本，增强合规能力。可以预见，未来几年监管科技将依托监管机构的管理需求和从业结构的合规需求，进入快速发展阶段，监管沙盒机制将更广泛地建立。

第二章

数字化时代的金融相关理论

第一节　金融创新理论和金融抑制理论

一、金融创新理论

金融创新的定义包括广义和狭义两种：广义的金融创新是指采用新的技术和方法，通过改变金融体系基本要素的组合赋予其新的功能的过程，包括产品、市场、机构和制度创新；狭义的金融创新则仅指金融产品创新，或者叫金融手段的创新。数字金融是一种典型的金融创新，金融创新会增加新的风险，金融脆弱性会不断上升。

从创新动因来看，金融创新理论包括需求主导型、供给主导型、规避管制型三类。需求主导型金融创新理论主要有财富效应理论和需求推动效应理论。财富效应理论认为财富增长是金融业创新的主要动力，财富增长增大了人们对金融资产和金融交易的需求，改变了人们对金融交易的偏好；需求推动效应理论认为，客户对金融产品和金融服务的新需求是金融创新的主要原因。供给主导型金融创新理论主要包括技术推动理论和交易成本理论。技术推动理论认为，信息技术在金融行业的应用是金融创新的主要原因；交易成本理论认为，金融创新的支配因素是降低交易成本的重要构成。规避管制型金融创新理论包括规避管制理论和诱导约束理论。规避管制理论是金融机构为了获得利润而回避政府的管制所引出的；诱导约束理论认为，金融创新是金融机构为了获得最大利润，减轻外部对其的金融冲击而采取的自卫行为。

从经济效益来看，金融创新包括微观效应和宏观效应。微观效应主要是分析金融创新对微观经济变量的影响；宏观效应是分析金融创新对宏观经济变量的影响。金融创新对货币需求有稳定作用，通过加入金融创新的货币需求理论模型可以验证，金融创新在决定货币需求总量及波动性中起着重要作用，这种作用随着通货膨胀的提高而增大。

图法诺把金融创新的动因归纳为六个方面：不完全市场、代理问题和信息不对称、交易和营销成本最小化、税收与监管制度、全球化与风险激励、科技进步。实践证明，许多金融创新是上述因素共同推动的结果，金融创新的主体分为两类，即政府和市场。金融制度可以为金融组织提供游戏规则和公平环境，保证金融运行的安全、稳定与效率。

二、金融抑制理论

金融抑制和金融深化是一个问题的两个方面，金融抑制的核心在于国家对金融的管制导致金融资源配置效率低下，为了消除金融抑制的恶性循环，必须进行金融深化。麦金农和爱德华提出了金融抑制理论和金融深化理论，揭示了发展中国家由于利率和汇率管制，对传统部门和私营部门采取信贷歧视手段来抑制金融体系和经济发展，政府如果消除金融抑制，就可以促进经济与金融的良性发展，这就是金融抑制和金融深化。发展中国家的金融抑制情形表现为负储蓄、负投资、负收入、负就业。总之，金融抑制会造成社会主体享受到很少的金融服务，对社会产生巨大的负面效应。

金融抑制的原因主要是人为因素、银行寡头垄断、资本市场不健全、民营资本很难进入银行体系，所以就需要金融深化和金融改革。整个金融体系向民营资本开放，大力发展影子银行和数字金融体系，为小微群体创造宽松的金融环境，具体表现在：

①给数字金融机构提供较低的准入门槛，使得大量的民营资本介入数字金融体系；

②逐步实行利率市场化，使得数字金融体系按照市场化利率维系供求关系。

第二节　金融中介理论和普惠金融理论

一、金融中介理论

金融中介理论主要的研究包括“金融中介为什么存在”和金融中介的功能两个方面。在传统经济学框架下，金融中介的功能被忽略，甚至出现了“中介多余论”。20 世纪 60 年代开始，金融中介理论得到广泛关注，但仍局限于从金融中介和经济发展的关系来分析金融中介的作用。随着博弈论、信息经济学和交易成本经济学的发展，金融中介相关的理论和模型日益丰富，能更好地解释金融中介存在的原因，从而形成了相对独立的金融中介理论。

金融中介按照时间顺序可分为古典经济学中银行与经济关系的论述，新古典主义金融中介理论，以及现代金融中介理论。本部分结合互联网金融的发展现状，重点论述现代金融中介理论，以其为指导，研究互联网金融的产生原因、运行机制等。

现代金融中介理论从企业存在的价值来研究金融中介为何存在。根据现代企业理论，企业存在的原因是可以减少市场交易费用。同理，金融中介机构出现的最大原因就是能够减少金融活动中参与者的交易成本。现代金融中介理论主要研究如何降低交易成本，并且利用信息经济学和交易成本经济学的分析方法和工具，研究金融中介的优势，以及其提供的服务如何减少了交易成本。

(一)交易成本理论

格莱利和肖都是金融中介理论的先驱者，他们和本斯顿、法玛通过研究认为，金融资产交易技术具有不可分性和非凸性。因此阿罗-德布鲁范式中理想中的无摩擦的完全信息金融市场不会存在，金融中介就是在这种情况下发展起来的。金融中介在交易中最重要的作用就是，其能够提供相同的服务，但是成本比市场更低廉。

哈维尔·弗雷克斯和让·夏尔·罗歇认为，金融中介机构的主要业务是金融证券的转换。然而，金融中介机构之所以能做这件事情并且得到收益，就是因为金融中介机构能够利用技术进行金融活动，并且在规模经济效应和范围经济的影响下，使交易成本得以减少。

钱特(1989)认为,如果投资者选择自己投资,他不得不承担由于投资失败而产生的不确定性风险。对于风险厌恶者来说,为了抵消一部分风险,他可能会投资多种不同类型的项目。然而,与投资单个项目相比,投资多类型的项目会增加许多信息搜寻成本,这样投资的项目种类增加了,项目组合降低了不确定性风险,却增加了交易成本。金融中介可以服务于多个投资者,其利用规模经济效应,减少了每个人分摊的交易成本。因此投资者可以通过委托金融中介,减少进行多样化投资的交易产生的成本。虽然在委托过程中,金融中介会收取佣金,在一定程度上增加了交易成本,但是,只要委托金融中介所增加的成本不超过搜寻成本,金融中介的存在就能够起到降低交易成本的作用。

艾伦和桑特莫罗认为,资产评估有大量的固定成本,但中介服务于多个用户,能够分摊成本,这就比个人更有优势。金融中介能够存在的理由就是具有交易成本方面的比较优势。

按照达尔曼给出的定义,交易成本包括搜寻和信息费用、谈判和决策费用以及政策与实施费用。张五常将交易成本看作一系列的制度成本,它不仅包括在谈判、签约过程中产生的成本,还包括产权的度量和界定、契约约束等法律效应的实施、投资过程中的监督、进行组织活动等的成本。

(二)信息不对称理论

信息不对称是指交易一方对另一方不充分了解。信息不对称会导致道德风险和逆向选择等问题,都会对交易产生不良影响。许多学者认为,金融中介产生的原因是能够解决信息不对称产生的问题。

利兰德和派尔把金融中介看作一种“信息共享联盟”,并通过模型证明,金融中介通过分析企业的各种信息,用很低的成本搜寻和甄别有价值的项目,并将信息共享给贷款人。金融中介由于有很大的专业和经验优势,并利用规模效应,在搜寻和分析信息方面,都优于单个的投资者。在这种情况下,金融中介专门了解和查找信息,投资者从金融中介直接获取有价值的信息,能够提高信息的质量和可信度,减少逆向选择的出现。在博伊德和普雷斯科特模型(Boyd & Prescott 模型)中,金融中介还可以有效避免“搭便车”问题,因为作为代理人,对投资者来说有一定的信用,金融中介可以对自己的项目提出评价并向投资者提出建议,并且向投资者发行证券,或者提供给投资者一个组合回报。因此,金融中介并不需要在公开市场上进行交易,而可以直接从发放私人贷款以及从信息生产中获利。

进行有效的监督是解决道德风险问题的方法之一，但是投资人自行监督的成本会很大。金融中介的监督具有规模经济，所以成本很低。戴蒙德的委托监督模型说明，金融中介的规模越大，中介遵循支付、监督承诺的可能性就越大。因为如果金融中介不按时或不遵守承诺，就会遭遇法律严惩和声誉损失，导致客户的流失。戴蒙德认为，金融活动存在事后不对称问题的原因主要是借款人获得投资最终结果的过程非常简单，而且没有成本，这就会导致金融契约对借款人活动缺乏约束性。金融中介可以作为贷款人和存款人中间的一个桥梁，对双方的合同实施情况进行监督，从而减少成本。

也有很多学者从交易成本角度解释信息不对称。陈认为金融中介最大的优势就是客户众多，投资成本的分散使金融中介的信息收集存在规模经济效应。勒兰德·佩勒和戴蒙德(1984)的观点主要是，厂商能够通过金融中介形成一个联合体，每个厂商的成本与厂商数量成反比。金融中介能够在信息不对称可能产生的成本和信息处理成本之间产生一种均衡，这是其能够存在和发展的最大原因。

(三)风险管理理论

因为消费者在投资过程中可能出现资金需求，因此会导致投资项目的流动性冲击和不确定性风险，戴蒙德和迪布维格的DD模型，研究了金融中介在这方面的作用。这里的不确定性是指投资者在其投资的长期项目未产生项目收益时，需要这部分资金进行消费的风险。这一模型后来通过简化和发展，将投资期间划分为两个阶段。投资者投资时为第一期，项目产生收益的期间为第二期，在这期间投资者没有其他收入，若有资金需求只能收回投资。因此，在投资者进行投资后，会有两种情况，可能第一期就需要提前消费，或者在取得项目收入后再进行消费。所面临的两种结果就是牺牲收益出售未完成的项目，或者取得较大的投资收益。如果投资者厌恶风险，那么他可能会为流动性风险寻求保险。金融中介与消费者签订存款合约：投资者可以将资金存入金融中介，若流动性风险出现，可以得到一笔款项，但是肯定低于资金存到最后的金额，这样就帮助了消费者。这部分款项的金额需要根据投资者投资期间的效用计算。金融中介则可以把这部分款项用于投资，因为金融中介有专业性，可以得到较大的收益，填补提前支付给投资者的损失。这样，金融中介就为个人投资者提供了流动性保险。依据大数法则，不可能所有的投资者同时都会遇到流动性冲击，因此总是能用流动性资产持有一部分投资，导致金融中介的流动性风险必然会小于单个投资者，这就是金融中介可以为投资者提供流动性保险的主要原因。因此，金融中介能够提高整个社会对流动资金的管理效率，减少风险，促进国民经济的稳定与发展。

艾伦和桑特莫罗指出，金融中介的业务会发生改变，通过归纳银行的新业务，风险管理已经成为银行等金融中介的主要业务之一。从金融中介风险管理角度来阐释金融中介存在的合理性的理论称为风险分担论。桑特莫罗利用托宾-马科维茨资产组合理论分析互联网金融，认为金融中介机构之所以能够降低整个社会的风险水平或使其保持稳定，主要原因就是能够使风险在投资者之间转移。默顿通过研究发现，金融中介可以通过对风险的分拆或打包，使风险在各个投资者之间分散的成本降至最低。

本西文加和史密斯的模型中，金融中介出现的理由是，当事人的流动性需要是随机并且不可预测的。金融中介机构能够在这方面为投资者提供保险，既可以让当事人进行存款，还可以持有准备金以便满足当事人不可预测的取款需求。在杜塔和卡普尔的模型中，金融机构存在的原因是当事人的流动性偏好和约束。金融中介机构的出现，增加了当事人持有的流动资产的方式，通过持有金融中介存款这种流动资产，可以提高资金的流动性效率（与公共债券相比），因此能够减少流动性风险和约束，促进消费者消费。

（四）金融中介功能观理论

功能观以金融机构和体系所行使的功能为重点，而不是以金融机构的形式，并且通过判断哪一种组织机构行使金融功能最好并且最有效，从而进行发展和选择。而金融机构的发展，又与技术、经济的发展和时机有关。

默顿认为，金融体系的功能是在不同的环境下，对经济资源进行有效配置，所有组织和机构在本质上行使的都是同样的功能。然而，如何实现金融功能，怎样的组织和机制是最有效的，在不同的时间、地域，都有很大的不同。他认为，与机构观分析相比，金融功能比较稳定，不会经常变化，因此能够提供一个更加持久和有效的参照系。

莱文主要研究金融的功能对经济发展的影响，他认为：信息成本和交易成本是金融中介产生和发展的主要原因；金融主要有五项功能，包括风险的分散、资源配置、公司治理更加有效、储蓄流动性增强、促进产品和服务进行交换。这五大功能有效地促进了经济的增长。白钦先等认为金融功能有四个层次：

①基础功能——服务功能和中介功能，包括清算、结算功能；

②核心功能——资源配置功能，减少资源配置的成本并提高其有效性；

③扩展功能——经济调节功能和风险规避功能；

④衍生功能——信息传递功能、引导消费功能等。

这四个层次具有递进关系，可有效地对金融体系的功能进行深入分析。功能观拓宽了金融中介理论研究的方向和方法，并被认为是对金融中介理论的革命性贡献。

二、普惠金融理论

（一）普惠金融悖论相关理论

在宏观经济学角度看来，资金的来源和资金的供给会导致一个悖论存在。宏观经济学将经济定义为使用商品和资金的环流，在这个环流中，任何一个公众不仅是资金的使用者，又是资金的供给者。将这一套原理应用于普惠金融时，便会出现这样一个结果：如果关注中小微企业的融资问题，资金来源要求价格实惠，还能够给予金融机构一定数量的风险回报。反过来看，若将资金来源实行普惠政策的话，那么金融机构的资金成本肯定会大幅上涨，原先成本较低的资金来源便会相应下降。金融机构会考虑这样一个问题：当前市场上，存在什么样的借款人能够按照较高的成本进行融资，或者说使用资金，中小企业借款人融资成本与生产经营收益之间的差距会一直延续下去。由此可以看出，普惠金融的悖论是在目前现行的融资模式下存在的，欲让中小微单位受益，必须降低普通民众的资金报酬，欲提高公众储蓄回报，众多非普惠性问题便会更加突出。上述普惠金融悖论的直观表现是，随着互联网金融的蒸蒸日上，银行体系内的资金越发紧张，银行间的市场利率会迅速涨高，金融机构追求更高的资金利益，就会使企业的资金链变得更加紧张。

（二）数字金融优势理论

数字金融的本质是智能化、网络化、信息化，数字金融不但是新的金融业态，还处于新的发展阶段，不断地发展延续。在当下社会，国家的信息化建设已经步入新阶段，占有数据资源可以获得新的优势。数据和信息逐渐成为更加重要的生产方式、生产资料、资源和平台，不断改变着当下的金融方式和经济金融结构，促进经济的发展，获得新动能。数字金融的科技优势主要体现如下：一是渠道优势越来越显著，成本更低效率更高，可以最快的速度为全国服务，也能够提供普惠金融发展的平台。二是可以发挥数据优势，互联网的应用，能让我们了解更多的风险、市场和人，信息从原先的静态变为动态。三是处理能力优势，依靠先进的计算机技术，处理数据速度更快。

1. 提高了金融服务的可获得性

金融科技的应用，能够显著降低普惠金融的成本，使利润增加，促进更多的机构应用金融科技提供数字普惠金融服务，大幅提高了金融的可得性。与此同时，应用金融科技还能够使普惠金融扩大覆盖广度和提高速度，这不仅打破了传统金融机构的物理网点限制，还能够基于大数据技术寻找潜在的优质客户，使金融服务更加精准化，大幅提高普惠金融服务的可得性。

2. 实现了“义”与“利”的统一

普惠金融的利润总额会随着其服务成本总额的下降而上升，能够不断增强其商业的可持续性，并逐步吸引越来越多的金融参与普惠金融进程。近年来，通过自身体制的转型，传统的金融机构不断加深与金融科技的合作力度，依靠先进的科技手段，不断升级普惠金融的各类型业务。在金融领域应用科技，可以明显改善成本和收益的关系，还能够促进金融机构快速发展，寻找新的发展动力。

(三)数字金融助力普惠金融理论

1. 凸出长尾理论

长尾理论，指的是在产品具备流畅的销售渠道并且商品储备充足的情况下，市场不火爆商品和冷门商品共同占据的市场份额能够与火爆的商品占有的市场销量相当，乃至于前者比后者更大，诸多中小商品市场汇聚起来，可与市场主流商品市场相抗衡。换言之，企业销售产品的总数量并不在于畅销品的头部，而是在于常常容易被人冷落的长尾。

长尾理论讲的是在链条的末端看似不起眼的微小部分也能起到巨大作用。数字金融运用其技术优势，可以使金融的利益链条延伸得更远，将银行、证券、第三方金融机构的服务链条延长，在使更多的群众受益的同时，各个金融机构利用其为群众服务的优势，推广自己的产品和服务，得到的利益不低于其在公司内完成业绩所得到的利益。比如银行推出的 App，便于民众去办理业务，提高办事效率,这样一方面是省去了人们去银行办理业务的时间,甚至还能减免手续费,比如用 App 转账没有任何手续费,另一方面,对银行而言,可以有效地降低银行工作人员的业务压力,还可以适当减少银行员工数量,当人们愿意用软件操作时,办理相应的小型业务银行所获得的收益远远大于银行内业务收益。对于证券公司而言,运用数字技术以及互联网手段,推出网页以及 App 办理业务,也极大提高了业务处理效率与公司效益。惠农政策之一的农田补贴政策通过农商行发放,农村设立服务点进行发放补贴,由于服务点的服务人员均为邻近村庄的百姓,领取补贴的过程中,以适当的方式进行沟通,这样极大地降低了银行网点的服务压力,又在很大程度上提升了服务效率。

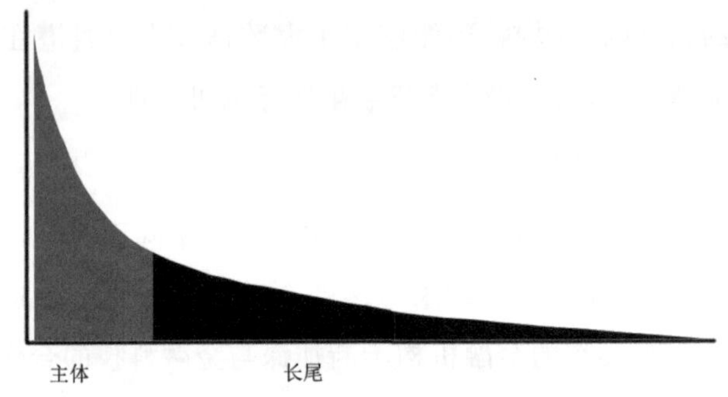

图 2-1　长尾模型

2. 放大鲶鱼效应

数字金融是一种创新的金融模式,在经济发展中具有不言而喻的重要性,可以称为经济发展的"鲶鱼",比如在河中突然出现的鲶鱼,在水里游动会促进河里各种鱼群的发展,为了生存而乱游乱窜的鱼自然就会更好地发展。数字金融的出现,服务方式和价值的实现途径可使传统金融机构发生改变。

3. 弱化马太效应

马太效应讲的是在社会中存在的反映两极分化的现象,富的更富,穷的更穷,强者越强,弱者越来越弱。与二八定则相类似,但它反映的是平衡之道的另一端,我国古代哲学家提出过类似的说法,"天之道,损有余而补不足。人道则不然,损不足以奉有余"。伴随着数字金融的崛起,大型企业之间开始进行联合。比如阿里巴巴集团进行的收购行为,大众点评与美团的合并等,这样在极大程度上形成了相关领域的寡头或垄断。

从整个社会的经济运行环境来看，虽然数字金融的马太效应逐渐出现，但正是通过这些企业的收购、兼并和重组活动，企业环境才能够实现变革和创新，从而提升企业的竞争力，与此同时，也使传统企业被动进行改革，思考新的发展路径。应该对小微企业以及低收入水平的群众予以重视，不断扩大金融服务的覆盖面，降低准入门槛，使全民享受到金融服务带来的福利，从而弱化马太效应，推进普惠金融的快速发展。

（四）概念界定

互联网金融将互联网信息技术与金融功能有机结合，能够依托互联网平台形成系统的服务体系和功能化金融业态，是与传统金融相异化的一种金融模式。传统金融机构可以与互联网企业利用互联网技术和信息通信技术实现资金融通、投资、支付和信息中介服务，从而形成一种新型业务模式。

金融科技可以理解为金融＋科技，但又不是两者的简单结合，是指通过传统金融机构运用各类科技手段提供产品和服务的一种业务模式，主要是利用大数据、云计算、区块链等新兴技术，服务于金融市场和金融服务业务供给。

数字金融是运用大数据、云计算、人工智能等新兴技术，让长期被现代金融服务业排斥的人群享受正规金融服务的一种数字化途径。数字金融通过其本身具备的大数据技术优势，能够更加便利地为客户服务。

第三节　金融脆弱性理论和风险理论

一、金融脆弱性理论

金融脆弱性理论主要是为了分析金融风险成因、促进金融稳定的理论，金融脆弱性分为广义和狭义两种。广义的金融脆弱性是指趋于高风险的金融状态，包括一切融资领域的风险积聚；狭义的金融脆弱性是指高负债的特性导致金融业更容易陷入困局。明斯基提出的金融脆弱性理论，将借款企业分为安全性、投机性、高风险性三类。[①] 安全性借款企业的特点：预期收入总额大于到期

① ［美］海曼·P. 明斯基. 稳定不稳定的经济——一种金融不稳定视角［M］. 石宝峰，张慧卉，译. 北京：清华大学出版社，2010.

债务本息，每个时期的预期收入都能够偿还到期债务本息，风险较低。投机性借款企业的特点：在借款后的前一段时间里，每一期的预期收入只能偿还到期债务利息，但长期预期收入大于债务总额。高风险性借款企业的特点：预期收入大于债务总量，但预期收入不仅小于到期债务本金，甚至小于到期利息，直到最后一期的预期收入才能够偿还每一期的到期债务。

之后，克瑞格从银行角度对借贷市场的金融脆弱性进行了研究，提出了安全边界理论，安全边界即为银行利息所提供的风险报酬和收益保障，银行的借贷主要取决于借款人过去的借贷记录，而不太关注未来的预期收益保障。伴随经济扩张，高风险项目不会立即出现问题，银行会根据以往的借贷记录做出借贷决定，结果安全边界不断地降低，金融脆弱性会逐步提升。

二、风险理论

风险是指实际收益与预期收益之间存在差异的不确定性，金融风险是指各种因素导致实际收益和预期收益的偏差。数字金融平台提供金融信息服务，但潜在的金融风险又会不时地出现。风险控制有以下五个步骤：

①风险识别，确定数字金融借贷平台流程，掌握风险易发环节，对关键风险因素进行预判，建立风险识别指标体系；

②风险评估，运用大数据估计风险发生的概率，平台自身也要对各风险环节进行判断；

③风险监控，平台建立自己的风险控制指标，时刻监测指标变化，通过层层管理来控制风险；

④风险处理，平台针对不同的风险，采取相应的措施，减小风险对平台的损害；

⑤风险报告，在风险识别、评估、监控、处理各个环节都要进行报告，进一步加强对风险控制的分析，最终达到控制风险的目的。

第四节 信用理论和信息不对称理论

一、信用理论

信用是指以借款人对出借人的承诺、信任为基础，借款人在一定时间内获得借款的能力。信用包括两个要素：

①授信人对受信人的信任；

②授予信用和偿还信用的时间限制。

在现代社会中，信用借贷的前提是受信人在信用借贷期限内对借贷资金的还款和付息，信用关系的建立以借贷双方相互信任为前提。数字金融的发展要以信用理论为基础，资金供给者在了解资金需求者的信用等级状况以后才会转让资金在一定期限内的使用权利，资金需求者需要在合约到期以后偿还资金和利息。当出现信用违约时，资金供给者无法得到本金和利息，所造成的信用风险就是最大的风险，信用风险的防范对于数字金融的规范发展具有重要意义。

二、信息不对称理论

伴随着信息经济学的蓬勃发展，作为该学科领域中最重要的一个研究方向，信息不对称理论一直以来备受学术界的关注。其实，从古典经济学开始，就隐含了信息不对称理论的思想，只不过古典经济学强调的是信息的对称性和充分性，这是一个问题的两个方面，而古典经济学是以其中一个方面为基石而建立起来的。比如，古典经济学认为，市场会在亚当·斯密的“看不见的手”的作用下达到供给和需求的平衡，①进而达到有效的资源配置。但前提条件是，在这一过程中，信息必须是充分的、对称的，亦即消费者与生产者都拥有做出正确决策所需要的完全信息。然而在现实生活中，这一前提往往并不能被满足，也就是说信息往往是不充分的，也是不对称的。由于这一前提条件对于古典经济学来说处于非常基础的地位，所以直到晚些时候，在古典经济学逐渐成熟之后，这些假设条件才开始被学者质疑。哈耶克在其论述中明确提出，市场中的信息是分散的，而非是充分和对称的。随后，威廉·鲍莫尔通过把信息划分为完全信息和不完全信息，来分析两者的区别，以及对社会福利的影响。其后，赫伯特·西蒙把信息的不完全归因于市场参与者的有限理性，把参与者的决策过程看作信息收集、评价和选择的过程。乔治·斯蒂格勒提出了信息具有的搜寻成本问题。1970年，乔治·阿克洛夫发表了经典文章《次品市场》，指出市场上买方和卖方掌握的信息通常是有差异的，卖方拥有比买方更多的信息，在这种情况下，

① 约翰·雷.亚当·斯密传[M].北京：商务印书馆，1983.

市场的效率将会受到影响，甚至会彻底失灵。自此，学术界开始对信息不对称问题进行系统的研究，多位经济学家对这一理论进行了广泛研究，并将其应用于经济生活的各个领域，包括阿罗、赫什雷弗、斯彭斯、格罗·斯曼、斯蒂格利茨等，他们分别在劳动力市场、保险市场以及金融市场等很多领域对这一理论进行了拓展性研究，并提出了“逆向选择”理论、“市场信号”理论以及“委托-代理”理论等信息不对称经济学的基本理论。因此，信息不对称理论被西方学者称为最近二十年微观经济理论最活跃的研究领域。2001年，斯彭斯、阿克洛夫、斯蒂格利茨三位美国经济学家由于对信息不对称理论的研究被授予诺贝尔经济学奖。

根据不同的角度划分，不对称信息有着不同的类型：从不对称信息发生的时间来看，不对称性可能发生在行为人进行交易之前，也可能发生在交易之后，分别称为事前不对称信息和事后不对称信息。事前的不对称可以统称为逆向选择模型，事后的不对称称为道德风险模型。根据不对称信息的不同内容来划分，研究不可观测行动的模型称为隐藏行动模型，研究不可观测知识的模型称为隐藏信息模型或隐藏知识模型，前者是指参与人一方的行为对另一方来说具有不可预测性，后者是指参与人一方所具备的知识条件对另一方具有不可知性。我们将不对称信息对策中拥有信息优势的一方称为“代理人”，不具有信息优势的一方称为“委托人”。信息经济学的所有模型都可以在委托人-代理人模型的框架下进行分析。将信息不对称情形进行细分，可得到五种不同的模型：

（一）逆向选择模型

代理人知道自己的类型而委托人不知道，因而信息是不完全的；委托人和代理人签订合同。一个简单的例子是卖者和买者的关系：卖者（代理人）对产品的质量比买者（委托人）有更多的知识。

（二）信号传递模型

“自然”选择代理人的类型：代理人知道自己的类型，委托人不知道，为显示自己的所属类别，代理人选择某种信号，委托人观察到信号之后与代理人签订合同。典型的例子是雇主与雇员的关系：雇员知道自己的能力，而雇主不知道，为了证明自己的能力，雇员向雇主提供接受教育水平的信号，雇主根据雇员受教育水平决定其工资高低。

(三)信息甄别模型

“自然”选择代理人的类型:代理人知道自己的类型,委托人不知道;委托人提供多个合同供代理人选择,代理人根据自己的类型选择最适合自己的合同并根据合同选择行动。典型的例子是保险公司与投保方之间的关系:投保人知道自己的风险,保险公司不知道;保险公司针对不同类型的潜在投保人制定了不同的保险合同,投保人根据自己的特征选择保险合同。

(四)隐藏行动的道德风险模型

交易时信息是对称的:交易后,代理人选择行动(如雇员选择工作努力还是不努力),“自然”选择“状态”;代理人的行动和自然状态共同决定某些可观测的结果,而不能直接观测到代理人的行动本身和自然状态本身。委托人的问题是设计一个激励合同以诱使代理人从自身利益出发选择对委托人最有利的行动。典型例子是雇主与雇员之间的关系:雇主不能观测到雇员是否努力工作,但可以观测到雇员的任务完成结果;雇员报酬与其完成任务情况有关。

(五)隐藏信息的道德风险模型

交易时信息是对称的:交易后,“自然”选择“状态”;代理人观测到“自然”的选择,然后选择行动,委托人观测到代理人行动,但不能观测到自然的选择。委托人的问题是设计一个激励合同以诱使代理人在给定自然状态下选择对委托人最有利的行动。典型例子是企业经理与销售人员的关系:销售人员知道顾客特征,企业经理不知道;经理设计激励合同使销售人员针对不同顾客选择不同的销售策略。

第五节　金融监管理论与大数据理论

一、金融监管理论

金融秩序的运行常常伴随着风险的来临,而风险一旦突破就会面临金融危机,为了保障金融秩序和金融体系的安全运行,从金融监管的实践中衍生出了金融监管理论。金融监管有广义和狭义之分。狭义的金融监管是指监管部门对金融机构的各种监督和管制,包括市场准入、业务范围、市场退出等规定和对金融组织机构、风险管理、控制等合规性要求，以及整个立法过程；广义的金融监管还包括金融机构的内部控制和行业的自律性监管。

从国际经验来看，金融监管经历了四个阶段。1930 年以前，中央银行制度普遍确立，金融监管开始出现，重点集中在中央银行实施的货币管理和防止银行挤兑的政策层面。1930—1970 年，金融市场失灵，学者们意识到了金融体系的负外部性、金融市场的信息不对称性、金融机构的垄断性倾向，学者们开始主张政府实施干预的金融监管，研究也多集中在对金融机构经营行为的规制、监管、干预方面，核心是金融体系的安全。1970—1990 年，金融自由化理论主张金融效率优先，放松对金融机构的过度监管，在利率、借贷范围、业务、经营地域上要做出调整。1990 年以后，金融监管主张安全与效率并重：

①加强功能监管，降低监管套利的可能性；

②加强资本监管，提出最低资本充足率的要求，推行金融机构的资产业务限制制度；

③注重市场纪律监管，政府监管与市场约束相结合；

④激励监管，将监管与激励方案联系起来。

二、大数据理论

大数据是以新数据处理技术为手段，通过对海量、结构复杂、内容多样的数据进行分析，以快速预测事情发生的可能性，形成洞察力，得出根本性的判断和预见。在大数据时代，每个主体都可能会产生数据，既是数据的创造者和传播者，也是数据的接收者和分享者，大数据挖掘的是事物背后的关系。大数据与金融业具有高度的契合性，金融业拥有丰富的和爆发式增长的客户数据，主要被运用到数字金融的风险监管中，数字金融的海量客户信息正是通过大数据分析技术来实现的。当前，商业银行积累了大量的用户流水数据，但银行各部门之间的关联性不高，导致数据整合困难，利用大数据可以促进银行对沉淀数据的深度挖掘。此外，金融机构还可以以现有数据为基础，做好用户消费习惯和行为的预测分析模型，有效地提高客户的转化率。

第三章

数字技术在金融领域的应用

第一节 人工智能技术在金融领域的应用

人工智能技术在金融领域的应用已渗透到多个主要业态，引起金融行业的普遍关注。首先，人工智能技术在金融业务的前中后端均有用武之地，被银行、证券、基金、保险等传统金融机构以及互联网金融机构用于身份核验、信用评估、反欺诈、客户沟通、舆情监测、流程优化、安防监控等多个环节。其次，金融稳定理事会等国际组织较为重视对人工智能技术在金融领域应用潜力及可能影响的研究，认为人工智能技术的应用可能带来金融服务、金融监管以及系统性风险监测等方面的积极影响。最后，人工智能技术在监管方面的应用价值能够同时惠及从业机构和监管部门，已引起多国金融监管部门的关注。对金融机构而言，基于人工智能技术的监管科技能够提高金融机构的合规效率，有助于降低其合规成本。对监管部门而言，人工智能技术的应用能够缓解因激励约束而导致的监管动力不足的问题，也有助于提高监管的实时性和持续性。

应用场景方面，人工智能技术在风险控制、客户服务、运维管理、客户营销、投资顾问、投资研究、量化交易、保险理赔等方面已有一定程度的应用。根据A股上市银行、证券、保险类金融机构2019年年报相关信息，约有44%、41%、33%、31%和25%的机构已分别开展智能风控、智能客服、智能运维、智能营销、智能投顾等方面的应用,约有 7%、3%和 2%的机构已分别开展智能投研、量化交易、保险理赔等方面的应用。其中,上市银行更为积极,近九成上市银行披露已开展或者计划开展人工智能应用探索,开展智能风控、智能客服应用的上市银行占比分别约为 75%、64%,开展智能营销、智能运维应用的上市银行占比均超五成。此外,人工智能技术和大数据技术在金融领域的应用场景具有较高相似性,这在一定程度上反映出人工智能技术现阶段对数据依赖程度较高的特点。

应用技术方面,计算机视觉、智能语音、自然语言处理等技术的应用发展相对较为成熟。比如,以人脸识别为代表的生物识别技术在身份验证环节的应用,以及智能语音、自然语言处理等技术在客户服务领域的应用已较为普遍,并取得了较好的应用效果。

一、人工智能技术在银行业的典型应用场景

(一)智能投顾

近年来,我国居民对投资顾问服务的需求显著增加。但由于存在投资顾问数量少、单个投资顾问服务能力有限、人工成本高昂等问题,传统服务模式通常只能覆盖部分高净值人群,无法充分满足市场需求。智能投顾基于人工智能技术与现代投资组合理论,综合考虑客户的风险偏好、财务目标等因素,旨在提供批量化、定制化的投资顾问服务,在降低服务门槛的同时,为客户提供符合其自身需求的投资建议。

(二)身份核验

身份核验是客户办理许多银行业务的重要前置工作,也是银行控制业务风险的重要环节。传统身份验证主要通过密码验证和人工验证相结合的方式实现,存在一些难点和痛点。比如,密码与身份的关联性较差,泄露的密码可能被他人使用,而人工验证的效率、准确率受验证人员工作能力、主观情绪等因素影响较大。基于人工智能技术的人脸识别、指纹识别、活体检测等新型身份验证方式,能够丰富身份验证手段,提高账户冒用难度,还能提高验证效率及验证结果的稳定性。

二、人工智能技术在证券基金业的典型应用场景

影响基金产品收益的因素错综复杂,研究人员往往需要在相关信息搜集整

理方面花费大量时间和精力，信息处理效率较低。自然语言处理与深度学习技术的应用，可将非结构化数据自动整理成结构化数据，并结合舆情分析、情感分析、语义识别等技术自动追踪行业和市场动向，提高信息处理效率。此外，人们在面对市场波动时，情绪往往也会随之波动，从而影响分析决策的客观性，可能导致基金净值回撤甚至造成亏损。人工智能技术可严格依据客观情况和既定策略做出相应决策，能够降低主观情绪的负面影响。

三、人工智能技术在保险业的典型应用场景

（一）智能理赔

传统的理赔定损环节，通常需要专业人士到达现场进行勘定，理赔结果对理赔人员个人能力的依赖度较高，从业机构往往需要花费较高成本用于培养优秀的理赔人员。同时，人工定损处理效率较低，可能导致客户体验较差。利用计算机视觉、机器学习等技术，当消费者将标的物损害情况等信息上传至从业机构后，智能理赔系统即可辅助实现远程定损，在提高速度、节省成本的同时降低人工操作导致的相关风险，提高理赔效率和优化客户体验。

（二）智能营销

金融产品种类繁多，客户需求千差万别，如何实现二者的精准匹配，在合适的时间，以合适的方式，将合适的产品推荐给合适的人，是精准营销面临的主要问题。传统营销方式对营销人员具有较强的依赖性，营销人员的专业素养、个人精力、情绪状态等因素都可能影响营销效果。智能营销信息处理能力强，能够降低信息漏损，充分挖掘潜在需求，有助于实现营销服务的随时、随地、随需，且服务承载能力高，提供增量服务的边际成本低于传统方式。此外，服务质量不受营销人员主观因素干扰，有助于保持营销水平的稳定性。

四、人工智能技术在互联网金融领域及其他领域的典型应用场景

实践中，相当一部分互联网金融机构的客户群体缺少征信信息等数据，难以适用于传统的风险控制方式。同时，各类金融欺诈行为时有发生，且趋于组织化、专业化，其危害日趋严重。因此，提高对欺诈行为的识别率，在保证业务规模的前提下降低欺诈损失，是很多互联网金融机构风控工作的重中之重。通

过将知识图谱、深度学习等人工智能技术应用于风控领域，整合结构化、半结构化和非结构化数据，大规模监测各关系数据中存在的不一致性，能够及时发现潜在欺诈疑点，提高风险管控能力。此外，综合利用智能语音和自然语言处理等技术，还能够实现对电话催收行为的实时监测，有助于及时阻止不文明催收行为的发生，提高经营合规性。

第二节 区块链在金融领域的应用

一、区块链概述

区块链最初作为比特币的底层技术支撑而问世，其产生和发展离不开比特币。随着比特币的诞生，区块链才得以公之于众，鉴于以往文献已经对区块链技术有过详细的介绍。因此本书不再赘述，只是简单介绍区块链的概念、特征及其作用，而内容主要关注于区块链的互联网金融应用发展领域。

区块链是一种分布式的数据库技术，以此为基础建立了低成本的信任机制。相对于传统的数据库技术，区块链从集中式记账演进到分布式记账，从增删改查到不可篡改，从单方维护到多方维护，从外挂合约到内置合约，其独有的信任建立机制切中了传统行业的痛点，是发展数字经济、构建新型信任体系必不可少的关键技术。区块链与新兴技术交叉演进，将协同驱动形成未来智能社会的基础架构，重构数字经济发展生态。区块链的特征主要有：数据的分布式记录、存储和更新；数据高度透明；系统开放；高度自治；信息无法篡改；匿名交易；等等。（见图 3-1）

二、区块链应用互联网金融的价值

金融行业的本质是风险控制，是金融业务开展的立足之处。虽然金融行业发展迅猛，但是相应的资产现金流管理却不尽如人意，尤其是底层资产的监督透明性和效率低下，资产交易结算转换率低，增信环节成本高昂。由于昂贵的信用评估成本、中介机构结算效率低下、监管政策不配套等，传统的金融服务手段在解决诸如行业运营成本与风险过高、从业人才不够、基础设施不完善等问题时一直难以得到妥善的解决。区块链技术特有的数据确权溯源、普适性的底层数据结构、合约自动高效执行等特性，为金融领域的深刻变革提供了强大的技术支撑。

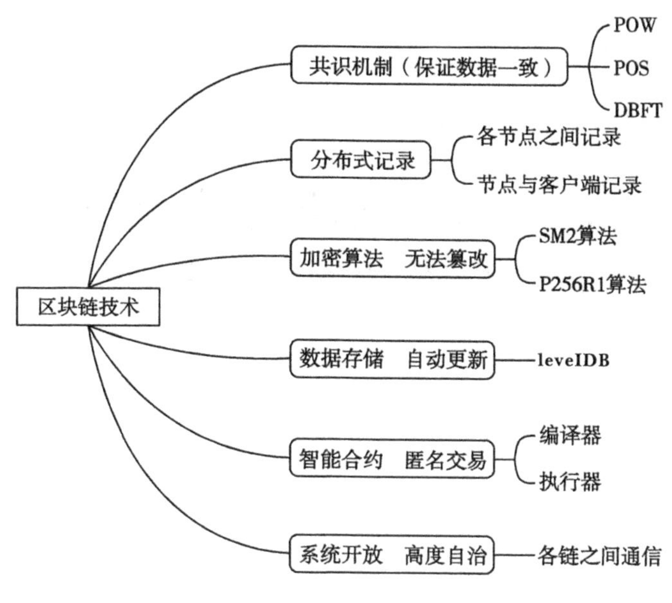

图 3-1　区块链技术及其特点

(一)区块链提高了金融数据的安全性

由于区块链可以利用 P2P 网络中多个参与计算的节点共同对数据进行计算、处理和存储，彼此之间还可进行信息验证，其独有的特点使信息既能进行防伪处理，又能追溯整个发生过程。由于各个区块的交易信息都自动存储、公开透明且不可篡改，将它们串联起来就形成了完整的交易明细清单，整个交易过程变得非常清晰，自然解决了金融数据的安全性问题。

(二)区块链有助于解决金融领域的信任难题

区块链技术可以实现所有市场参与人无差别获取市场中所有交易信息和资产归属记录，可以有效降低企业间的信任成本。区块链技术的实时结算也减少了支付结算环节的出错率，同时可以监控任何一笔资金的上链信息。

(三)区块链有助于降低金融交易成本和提升效率

区块链有助于降低金融交易成本和提升效率，具体体现在以下四个方面：

①降低彼此间的沟通成本，如证券公司、交易所和银行之间常常存在多方

交流，任何一方在沟通中出现问题都会影响其余各方的交谈进度，而任何一方参与和协调都会产生高昂的成本，而区块链可以通过多重签名、数据开放、信息共享、自由交换等技术化解多方之间的沟通矛盾，提升整个业务的协作效率；

②降低人工参与程度，提高自动化程度；

③结算周期更短、交易效率更高且无须进行额外的检查校对工作，因为整个区块链交易被确认的过程就是检查、审计、清算的过程；

④自动保存交易记录和审计痕迹，方便后续的监督审查工作。

（四）区块链有助于降低金融领域面临的风险

区块链有助于降低金融领域面临的风险，具体体现在以下三个方面：

①区块链交易一经确认就同时完成了检查、审计、清算的工作，有效降低交易过程和双方之间可能存在的风险隐患；

②交易过程数字化、加密化，交易可追溯且记录完整，防止金融欺诈、手工输入错误等操作风险；

③由于区块链使用开源的程序、规则和高度的参与程度，加上分布式存储和信息共享的机制，使交易过程和参与的金融各方受到黑客攻击的可能性大幅降低。

综上所述，区块链正在重构数字经济发展生态。区块链的分布式存储、数据匿名化交易和开放自治的系统等特点，使整个发生过程充满精确严密的数据逻辑、不可篡改的信息生成机制，其结果导致各种交易公开透明，为全新的去中心化信任体系提供了科学先进的技术手段，改变了信息传递的基础，演变成基于技术背书的价值传递，与传统的行业应用场景相结合，使用新的运行规则，在银行、保险、证券等金融领域得到小范围的探索应用，未来还将衍生出更多新模式、新业态，这对塑造数字经济发展生态具有重要意义。当然，我们还应该看到，即使在大家普遍认为区块链最能够发挥核心作用的金融领域，其也绝非是万能的，它能解决的仅仅是底层交易的成本与效率问题。例如，区块链不能消除金融领域的固有风险。不过，基于区块链所产生的信用记录数据，结合大数据、人工智能等技术在金融领域的深入发展，能有效提高风险定价与风险管理效率。

三、区块链应用于互联网金融的场景

区块链技术即使再火爆，若没有好的应用场景，最终也难以存活。随着对区块链技术研究的不断深入,区块链应用场景的范围也在不断拓展,其中,金融领域的应用已经显示出为行业赋能的巨大潜力。(见图 3-2)

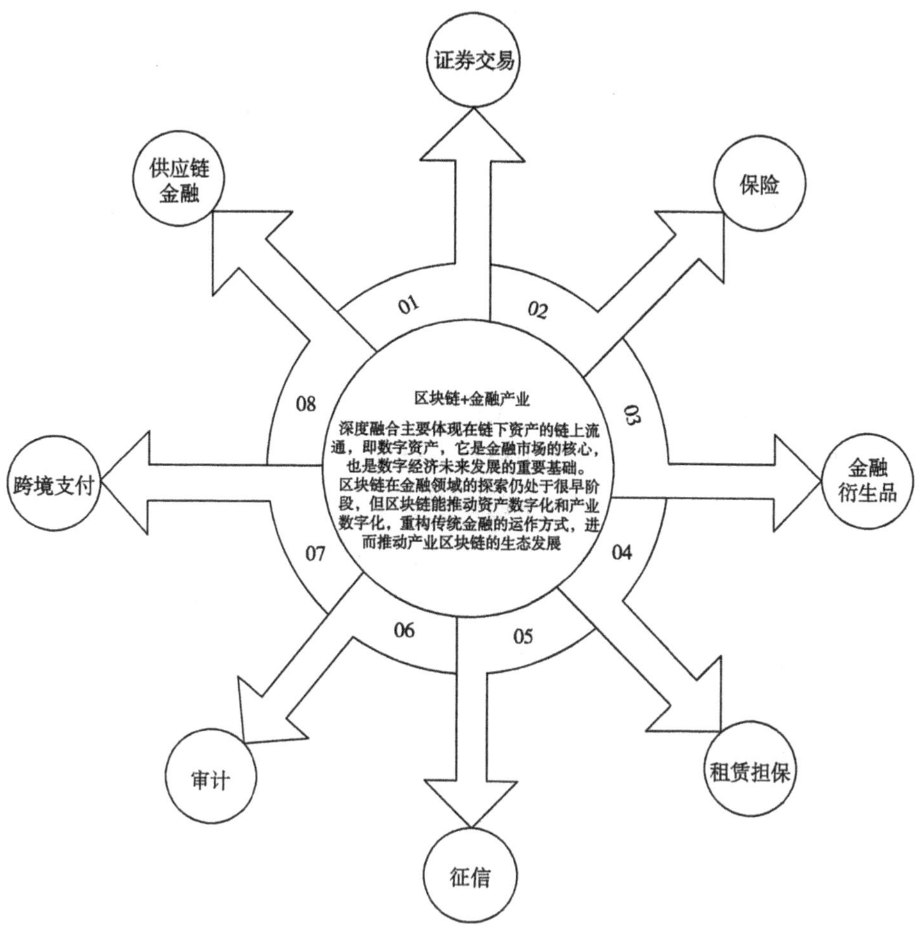

图 3-2　区块链应用于金融领域场景

区块链技术落地真正应用于金融领域还有很长的路要走,技术和基础设施不够成熟是目前面临的最大障碍。从客观上说,我们必须承认,区块链给金融业创造的实际应用价值还不够高,但它给金融业打开了一扇新的大门,营造出足够大的想象空间。互联网金融应该主动拥抱区块链技术,创造新的价值连接方式和商业模式,这不仅是改造或替代现有的系统,而是创造一个更为宏大的未来。

(一)场景一:保险

1. 区块链技术有望成为保险业转型发展的新动力

区块链的分布式存储、全过程信任共享机制及其开放自治的系统等特点,在解决保险行业信任问题上具有得天独厚的优势,保险业将开启新的篇章。(见图 3-3)

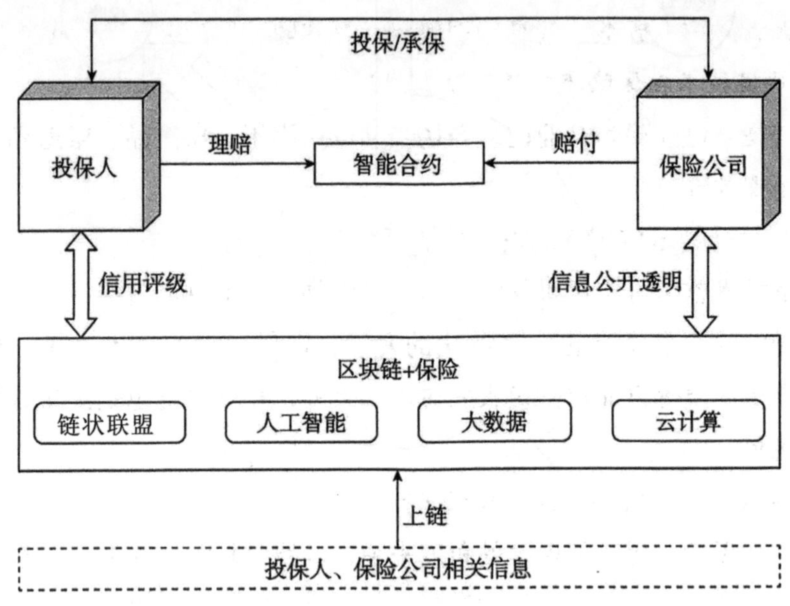

图 3-3　区块链应用于保险领域

(1)重构信用体系,实现真正的差别定价

区块链技术建立起一个基于网络的分布式的公共账本,所有数据开放源代码、不可篡改,并且这些数据随着时间的推移不断丰富翔实且可全程追溯。保险公司可以依据这些真实有效的信息为每个投保个体定制专属保险产品,实现真正的差别定价,并且更好地契合投保人的实际需求,这将有效地解决保险行业中普遍存在的逆向选择问题。

(2)优化流程,有效削减渠道成本

一方面,信息不对称、逆向选择问题的解决让整个保险体系更加公平、高效,能够极大地提升客户的投保意愿,这将在一定程度上降低保险的销售难度,进而节省渠道费用。另一方面,尽管当前区块链技术还不足以成熟到颠覆现有的整个保险行业业态，但在优化保险销售流程，降低销售成本、审查核实投保人信息以及保单管理的人力、物力成本，削减渠道成本等方面仍然大有可为。

(3)智能合约，提高理赔效率

智能合约大大提高了理赔效率，消费者的保险权益不仅得到极大的保障，也极大地提升了客户体验和满意度，这些都源于智能合约简化了保单理赔的处理流程，降低人力、物力成本，提高处理效率，有效防止保险欺诈事件的发生。

2. 区块链技术在保险市场的多个应用环节

区块链技术可在保险行业的多个场景和环节中应用，从产品、渠道到理赔、反欺诈等整个保险环节。

(1)区块链技术应用于产品设计环节

区块链技术首先可应用于保险产品的设计创新，解决保险产品差异化定价的问题，鼓励保险产品个性化、定制化的发展，提供强大的技术支撑，在农业保险、产品质量保险等方面得到广泛的应用。另外，相互保险也是区块链的一个很好的应用场景。

(2)区块链技术应用于产品销售环节

首先，从保险公司销售保险的角度来说，区块链技术最大的好处在于简化了销售流程，节省了销售成本。与传统的销售过程相比，购买人只需要通过渠道购买保单，渠道商就将购买人信息统一发送到区块链平台，保险公司根据分布存储的信息判断购买人是否具备购买资质，整个过程自动精准，省去了人工营销、受理、审查、反馈等一系列的流程。

从政府监管角度来说，区块链技术的分布式存储、全过程信任共享机制及其开放自治的系统特点可以实现保险销售行为的可追溯监管，有效规范保险销售行为，既能维护投保人的合法权益，也能促进保险业的持续健康发展。一直以来，保险营销人员素质良莠不齐。一方面，面临较高的业绩压力；另一方面，高额的提成会使一部分从业人员不顾职业道德，肆意夸大保险的作用，误导客户，致使保险销售市场乱象丛生，欺骗、隐瞒或者虚假宣传的现象屡禁不止。为了整治这一乱象，原保监会曾做出相应规定：保险公司和中介机构在向自然人销售相应的保险产品时需要进行“录音”“录像”。此外，还对“双录资料”的保存、管理、查阅做出了详细的规定。随着区块链技术的不断发展和完善，完全可以将保险销售各个环节的关键动作上链，实现全流程的销售动作可追溯，这与原保监会的监管思路一致，可以助力监管机构实现真正的穿透式监管。

(3)区块链技术应用产品理赔环节

理赔和损失处理同样也是保险流程中必须高度重视的环节。以往的理赔环节中，需要投保人提供一系列复杂的证明材料，投保人面临较高的时间和金钱成本，保险公司同样需要花费大量时间和金钱验证投保人信息的准确性。区块链技术的介入极大地简化了理赔流程，保险代理人介入不再是必要的环节，将极大地缩短处理周期。通过历史索偿和资产来源记录的可追溯性，即可轻易识别可疑欺诈行为。同时，省却了理赔专员审查每项索偿的环节。该技术还能用于促进可信赖数据的整合，无须人工审核，每项付款均使用智能合约自动交付，后台不必干涉其中。

(4)区块链技术应用产品反欺诈环节

保险欺诈的危害涉及方方面面。一方面，保险欺诈会损害公司的利润，牺牲其他投保人的合法权益；另一方面，保险欺诈会降低人与人之间的相互信任，破坏社会诚信。保险欺诈行为屡禁不止且日益猖獗，从原来的单纯个人犯案向团伙集体有组织、有目的密谋规划转变，同时还呈现出地域流动性和同业传染性。虽然各大保险公司先后组建了自身的反欺诈系统，但保险行业天然的信息不对称等弱点使我们无法从源头上防止保险欺诈现象的发生。区块链技术通过建立反欺诈共享平台和使用可信赖的数据来源及编码化商业规则，建立唯一可识别的身份信息，防止冒用身份。

(二)场景二:供应链金融

区块链技术的应用打破了供应链金融的发展瓶颈，具体体现在以下四个方面。

1.共识算法解决信任问题

区块链自带独特的共识算法，简单理解就是凡使用区块链技术上的数据都会自动生成时间日期、信息无法被篡改、所有记录都有迹可循，不存在同一数据被重复记录的问题。这就保障了信息记录的可追溯性和防篡改性，从而解决了节点间相互信任的问题。具体到供应链金融领域，共识机制保证了交易的真实性以及债权凭证的有效性。一方面，金融机构不必担心数据被他方私自修改；另一方面，中小型企业不必担心由于自身信誉和信息不对称造成融资难的问题。另外，区块链也成为金融机构寻找优质资产的“挖掘机”，极大地提高了金融机构对接优质资产的准确度以及资金使用效率。

2. 智能合约防范履约风险

智能合约是一个自动执行区块链上合约条款的计算机程序。通过智能合约的加入,贸易行为中交易双方或多方即可如约履行自身的义务,使交易顺利可靠地进行下去。链条上的各方资金清算路径固化,有效管控了履约风险。

3. 信任可沿供应链条有效传导

由于区块链具有全过程自动保存、不可被篡改的特点,这天然决定了信任可以沿供应链条有效传递下去。由于贸易流中涉及的材料采购、运输加工、仓储保管等环节都会在第一时间真实地记录下来,这为信任可沿供应链条有效传导提供了第一重保障;而资金流层中涉及的资金周转路径、应收应付款关系、交易凭证的记载也会相应地记录下来,这为信任可沿供应链条有效传导提供了第二重保障。

4. 降低合作成本,提高履约效率

现有的供应链金融流程众多,各个环节业务收费高昂,相互之间缺乏及时、准确的联系,各个环节之间没有真正联通,使本就资金短缺的中小企业无法真正达到享受供应链金融带来的缓解融资难的目的。区块链技术的分布记录、全过程记录、公开透明性让金融机构开展供应链金融业务时耗费更少的资金和时间,减少建立信任过程中需要的试探性交易,提高商业合作的效率。由于全链条的打通降低了资金提供方出借资金的风险,这也极大缓解了中小企业融资成本高的现状。此外,智能合约的加持可以使融资过程中的各种合约实现数字化并且可自动执行,大幅提升了履约效率,有效管控了违约风险。

(三)场景三:风险信息共享机制

1. 区块链技术极大地提升了风险信息共享的效率和安全性

区块链天然具有信息共享的属性,这使得以区块链技术为基础的风险信息共享机制很大程度上缓解了共享效率低下导致的信用不足、敏感数据易泄露等问题,从而大大提升了各成员机构参与信息共享的内在动力和效率。

(1)保证信息查询的不可篡改性、独立性和安全性

首先,各共享成员一旦加入并使用基于区块链技术的共享平台,其每次使用、搜索、查询等行为都会自动保存于分布式账本中,并可以向其他成员发送。这就从源头上确保了信息无法被篡改,与此同时,还能了解本机构查询和对外

提供的黑名单信息记录。其次，各共享成员在处理敏感信息时不必再单独发送至某个专门的部门，只需要互相开放黑名单的信息查询，敏感信息便会自动拦截，不会发送至黑名单上的查询机构。这不仅解决了数据安全问题，还极大地简化了组织机构的设置，降低了运营成本。

(2)优化信用共享的激励机制

为了提高信用共享效率，信息共享平台需要建立一套科学合理可行的激励机制，简单来说，就是共享平台会根据查询与被查询的次数评价各个成员的参与程度和共享程度，以此提高各成员参与积极性和获取的权益，并对信息查询反馈服务进行记录。这意味着，某成员提供查询的信息越多，则其权益越高，其能查询的信息条数就越多。这样就能不断丰富自身的风险信用数据库，从而增加风险识别和控制能力，从根本上解决了原有信息共享模式的激励机制弱化问题。

(3)对现有信息共享系统的改造性小且扩展性强

基于区块链的信息共享系统上线后，仅需按照相关规范在各成员机构的业务系统中加入服务前置系统。该服务前置系统主要起到优化各系统间的通信、数据加密、搜索查询等服务功能，不必担心对原有业务系统的攻击破坏，造成数据被篡改、损坏或无法正常使用，导致出现严重的数据泄露问题，也不会对核心数据库的安全产生影响。因此，基于区块链的信息共享系统具有包容性强、扩展性高的特点。

2.区块链将大大提高风险信息的交换机制和效率

尽管风险信息共享机制对降低金融风险、减少多方间的沟通成本起到巨大作用，但实际情况却是各共享成员的共享意愿不高、担心敏感数据受到恶意攻击破坏造成泄露等问题，这使得现有的共享中心形同虚设、“共而不享”，严重的还会造成资源浪费，大部分风险信息共享机构的作用未被真正发挥出来。区块链技术主动拥抱信用风险信息共享机制，无疑对解决目前共享效率低下、帮助敏感数据脱敏等方面起到强有力的支撑作用，甚至在可以预见的将来区块链技术在信息共享产业必将造就一片新的蓝海。

(四)场景四:信用租赁

随着共享经济在实际生活应用场景的逐步渗透，信用租赁新经济的趋势已成为行业共识，越来越多的人开始接受这一新的经济发展方式。然而，信用租赁行业从诞生之日起就面临诸如双方信息不对称、纠纷取证举证困难、交易不公开等问题，这在很大程度上降低了信用对盘活沉淀资源、提高资产利用率方面的作用。区块链技术充分发挥其在数据的分布式记录、存储、数据高度透明、系统开放共享且信息无法篡改的优势，结合现有业务能力以及第三方支持，如司法权威机构等，可从技术层面解决以上信用租赁存在的问题。（见图 3-4）

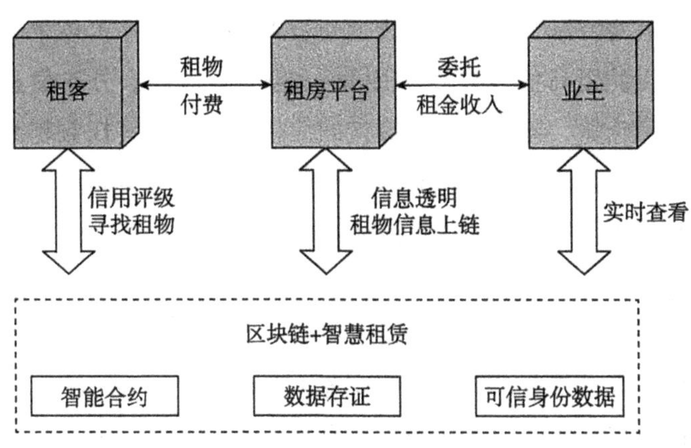

图 3-4　区块链应用于租赁领域

1. 实时不可篡改存证，高效解决纠纷

信用租赁流程中，不可避免地会因为承租人处理租赁物、出租人违反租赁合同等造成违约纠纷，以往应对这些问题大都面临公证流程复杂、耗费时长、成本高昂、举证和取证困难等现实中很难解决的问题。在区块链技术下，只需组建一个区块链存证联盟，运用到信用租赁的整个流程中，使发生的一切重要数据和文件转换成实时、不可篡改的数据并自动保存上传各使用端口，由此形成双方共同认可的电子证据，达到实时取证、高效公正处理租赁违约纠纷的目的。涉及存证的电子数据主要包括关键订单数据、电子协议合同、下单及协议签订流程、检修定损报告等。

2. 账本信息共享，降低风控成本

从已有的信用租赁平台的使用反馈情况来看，承租方和商户之间信息不对称，各参与方共享信息的意愿不高，参与热情度较低，充斥着各种不真实的、逾期的承租方信息、信用较差的参与方等。与普通的电商交易不同，租赁经济还有重要的信用风控环节，租赁行业内的平台、商家普遍各自做风控，或借助第三方信用服务机构的力量做风控，以避免多头租赁欺诈等问题。尽管这样能够解

决租赁信用风控问题，但不得不承认的是，由此造成的运营成本大幅提高，很多商户无力支付或者不愿支付。解决的方法之一就是充分利用区块链进行信息的实时共享同步，解决信息孤岛问题，降低风控成本，当然也离不开各个租赁信用方的共同参与，全流程监督。

3. 交易公开透明，缓解资金难问题

由于信用租赁平台或商户的信用交易不透明，造成部分承租者或投资方对平台和商户不够信任，因此，资金紧张的租赁平台和商户无法获得进一步融资和发展的需求，最终导致平台和商户资金流转困难的恶性循环。结合区块链共享账本的公开透明性，将租赁全流程发生的交易事项存储于基于区块链技术的平台上，并将非敏感信息全部公开展示，对敏感信息则进行加密处理，增加参与各方彼此间的信任程度。

在面对区块链技术时，前瞻性的公司会将新技术融入他们的业务。如果金融从业者对区块链技术缺乏理解，不能认识到其颠覆式的潜力，那么他们将会在未来的变革中处于非常被动的地位。因此，金融业应该早做打算，来应对这个颠覆性技术可能带来的机遇与威胁。

四、区块链的互联网金融应用存在的问题及监管建议

区块链技术带来的高度精确的价值转移、安全的数据存储和可信的交易信息，使数据同时具有透明性和保真性，在解决社会存在的信任问题和验证信息的有效性等方面具有广阔的应用前景。当然，我们必须清醒地认识到，区块链技术距离成熟应用还有很长的路要走，在这个过程中，难免存在各种需要解决的问题，需要我们用冷静客观的态度面对。

(一)区块链技术现存问题

1. 区块链有被过度消费的倾向

区块链与加密数字货币是两回事。我们再次强调，区块链是加密数字货币的底层技术支撑，以比特币为代表的加密数字货币只是区块链技术众多应用场景的最为人熟知的一部分，其究竟有没有货币的本质属性，能否成为今后国际流通认可的货币，仍是悬而未决的事情。但是由于媒体等多方的炒作，以比特币为代表的加密数字货币的价值被人为夸大，导致出现一大批以“挖矿”为核心

的行业链条，耗费了大量的人力、物力、财力，对此，我们需要保持冷静的头脑，用科学的态度对待此事。

2.相关技术尚未成熟

区块链正处于技术周期的成长阶段，尽管底层架构和顶层逻辑设计堪称完美，但实际落地应用过程中受到方方面面的技术阻碍。首先，运用区块链进行交易的频率极低。这主要受到区块链技术体系区块交易存储容量有限的阻碍，导致很多应用场景无法落地。即使是大名鼎鼎的比特币，其每秒处理的交易量也不过10笔左右，无法与传统支付工具交易频率相提并论。其次，区块链技术的产品开发和推广门槛较高，受众市场规模较小。区块链落地应用面临最大的门槛是需要耗费大量的资金和时间成本。此外，区块链技术的专业人才也存在大量缺口。

3.监管体系未完善，行业乱象丛生

区块链以其广泛的应用前景短时间内吸睛无数，在互联网金融产业掀起了一阵高潮，也给今后的互联网金融行业留下丰富的想象空间。即便如此，我们仍需面对一个严峻的现实：区块链作为一项技术在进行一项跨领域的应用时缺少配套的监管措施，相应的法律法规尚未出台，行业内出现一部分打着区块链旗号进行虚假宣传、坑骗投资者钱财的事情，可谓乱象丛生。

(二)区块链技术监管新要求

1.尽快出台行业标准

区块链的应用前景十分广阔，为了更好地服务于金融领域，区块链技术的落地要符合金融领域的管理和服务等传统的行业习惯和发展要求，特别是对于这些行业的现有规则的适应和修改。然而，当前学术界和实践界对区块链的认识尚未达成统一意见。为此，有必要尽快出台行业标准，方便大家更加科学合理地认识区块链。与此同时，标准的出台也有助于区块链技术在各行业真正地生根落地。值得注意的是，监管部门在考虑出台实施标准时应认识到不同的应用场景标准可能有所区别，将来区块链跨领域应用可能面临标准不统一的问题，需要相关部门提前做好规划。当然，区块链在互联网金融领域也亟待更加成熟的监管制度来规范，为此，在推进区块链标准化方面，有以下两点参考建议。

首先，在标准制定方面急用先行。区块链技术非常复杂，应用场景十分丰富,因此建立起健全的标准化必然是一项长期工程。为此,可先从有着较多基础性、实用性的应用领域的标准研制工作入手,逐步推广到更加复杂、涉及面更广的领域。可以优先考虑涉及民生方面的领域,那些技术要求相对较低、发展相对成熟的领域同样考虑优先启动。其次,鼓励在标准试验方面大胆试错。这项技术的前沿程度决定了它需要深度试验才能有相对正确的标准。

在推进区块链标准检验方面,有以下三点参考建议。

第一,鼓励出台,勇于试错。对于那些优先考虑、容易推行标准的领域,尽快开展标准检验工作,必要时可设置激励机制,推动检验工作实施落地,同时,对于检验中很难推行与实际不符的标准,给予宽容纠正的机会。第二,推广试点、及时修正。对于通过检验的标准,在第一时间选择具备条件的行业和地域开展标准应用推广试点工作。第三,在标准国际化方面“占领高地”。区块链技术作为新兴事物,谁能率先在国际舞台推出受到大家公认的标准,谁就能够抢占区块链产业发展的制高点。对此,我们可以与国际区块链技术强国保持密切联系,实时追踪区块链的最新标准化,增强互利互信意识,在国际标准制定过程中积极参与争取主导。

2.促进技术落地和新产品推行

毫无疑问,区块链应用过程中遍布机遇与挑战,应当抓住机会,在学习引进的基础上改进技术,充分发挥区块链的优势。以金融领域为例,凡是能够提高金融效率和透明度,降低金融交易成本和风险的地方,我们要主动拥抱,大胆试错,尽快出台行业标准,避免在商业格局战略转型中落伍。一方面,推行互联网金融新产品,可以先小范围试行,以点带面,逐步推广;另一方面,其他部门也要积极配合,在各项配套设施、监管政策上同步前行,鼓励第三方评估机构进行市场化的评估检验,安排合理的系统维护。同时,也要防止用力过猛,一步一个脚印地做好过渡工作,以成功的商业案例为范本,不断制订并修正解决标准方案。

3.组织并扩大产业联盟,促进产业成熟

区块链的逻辑原理和技术设计需要多方参与、共同维护应用才能发挥其巨大作用,这表明区块链需要以联盟的组织形式运行使用。庆幸的是,当前各国学术界和实践界都涌现了一系列联盟与组织,或官方或自发地通过各种形式共同研究探讨底层技术、应用场景,尤其是积极推动区块链技术在互联网金融产业的应用。当前,基于区块链的真正应用场景依旧很少,进展缓慢,这主要是因为区块链复杂的技术障碍以及缺少相应的行业标准与行业规则。为此，行业联盟应从行业规则和行业改革角度出发，积极研究讨论区块链安全技术的底层架构与核心机制。同时，致力于加强行业间的对接，促进区块链与行业以及行业与行业间跨领域的深度融合，打造积极健康的外部环境，积极推进区块链技术与应用的监督机制与认证体系，客观准确地评估区块链平台和应用，实现区块链与行业的协同创新发展。

第三节　云计算技术在金融领域的应用

一、云计算技术概况

（一）云计算技术的概念和特点

云计算技术的主要理念是资源共享与弹性调配。美国国家标准与技术研究所（National Institute of Standards and Technology，NIST）提出，①云计算技术提供了随时随地、方便快捷、按需获取的可配置计算资源共享池，如网络、服务器、存储、应用和服务，以低维护成本，快速供给计算资源。

云计算技术的服务类别一般分为三种。根据云服务供应商提供的资源类型不同，服务类别一般分为基础设施即服务（Infrastructure as a Service，IaaS）、平台即服务（Platform as a Service，PaaS）、软件即服务（Software a Service，SaaS）。在 IaaS 模式下，云服务供应商向客户提供虚拟计算机、存储、网络等计算资源，提供访问云计算基础设施的服务接口。在 PaaS 模式下，云服务供应商向客户提供的是运行在云计算基础设施之上的软件开发和运行平台。在 SaaS 模式下，云服务供应商向客户提供的是运行在云基础设施之上的应用解决方案。

云计算技术的部署模式一般分为四种。根据用户类型、云资源归属和控制方的不同，云计算部署模式可分为公有云、行业云（社区云）、私有云和混合云。在公有云模式下，云服务可被任意云服务用户使用，且资源由云服务供应商控制。在行业云模式下，云服务仅由一组特定的云服务用户使用和共享，这组云

① 王惠莅，杨晨，杨建军. 美国国家标准和技术研究院信息安全标准化系列研究（二）FIPS 信息安全标准研究[J]. 信息技术与标准化，2012(6)：4.

服务用户的需求相近，资源由组内云服务用户控制或云服务供应商控制，并且提供者和使用者在监管政策、安全要求等方面相同或高度相似。在私有云模式下，云服务仅被一个云服务用户使用，且资源由该云服务用户控制。在混合云模式下，至少包含以上两种不同的云计算部署模式。

云计算技术的主要特点是物理资源池化。通过部署虚拟机或容器等系统级软件，以及开源虚拟化平台(Open Stack)、PBS(Portable Batch System，一种常用的作业调度系统)等分布式集群管理软件，服务器物理资源可被抽象成逻辑资源，形成可动态管理的资源池，从而实现高效复用。

一方面，物理资源池可组成集群。通过部署虚拟化软件，可实现由几十万台、上百万台服务器组成的集群协同完成同一数据处理任务，数据处理能力提升对计算、传输、存储等资源的需求可通过扩充集群设备规模满足，而不再仅仅依赖于超高速计算机等硬件设备的升级。

另一方面，物理资源池可分布部署。虚拟化软件也可将一台服务器分割为几台甚至上百台相互隔离的虚拟服务器，同时运行不同的应用或服务。通过并行编程技术将一个任务分成多个子任务，可在不同虚拟服务器并行处理海量数据，用户可根据负载和需求变化弹性选择所需虚拟服务器数量。

(二)云计算技术的应用情况

云计算技术强调用户主导、需求驱动、按需服务、即用即付，可为用户提供超大、快速、弹性、低成本的计算服务，解决 IT 系统建设成本高、数据处理效率低、产品上市周期长等痛点。

从应用场景看，云计算技术应用正在从互联网行业向多个传统行业加速渗透。从我国情况来看，随着“互联网+”行动的积极推进，云计算技术正在向政务、金融、工业、轨道交通等领域的应用场景渗透。其中，政务领域是云计算应用相对成熟的领域，目前全国超九成省级行政区和七成地市级行政区均已建成或正在建设政务云平台。金融行业是云计算深化应用的重要突破口，中国人民银行印发的《中国金融业信息技术“十三五”发展规划》要求加强金融业云计算应用政策研究和引导，研究制定风险评价、准入及退出机制、数据安全保护、业务连续性管理以及风险安全防控等政策，营造金融业云计算应用发展的良好环境。工业云是推动“两化”深度融合、发展工业互联网的关键抓手，在国家政策的指引下，全国各地方政府纷纷推出工业云发展规划。轨道交通信息化已成为国家信息化重要布局，轨道交通云正处于蓬勃发展、方兴未艾的关键时期。

从产品服务类型看，云计算技术已覆盖从底层到应用层的多层次产品服务。目前，云计算技术已在计算、存储、网络、安全、大数据、人工智能等方面提供了基础设施服务，并已开发出通用解决方案、开发和运维（development and operations，DevOps）解决方案以及金融、工业等行业解决方案。从全球范围来看，包括云专机、存储服务在内的 IaaS 服务市场快速增长，其主要服务类型为计算类服务。以应用设计、应用开发为代表的 PaaS 服务市场稳定增长，其中，数据库服务需求增长较快。SaaS 市场增长放缓，其主要服务类型为客户关系管理（customer relationship management，CRM）、企业资源计划（enterprise resource planning，ERP）和办公套件等。

（三）我国云计算产业发展情况

总体来看，我国云计算产业已从概念导入进入广泛普及、应用活跃的新阶段。目前，我国已形成云计算服务业、基础设施服务业、云计算制造业和云计算支持产业等相关生态（见图 3-5），产生了一批极具影响力的企业，并在大规模并发处理、海量数据存储、数据中心节能等关键技术领域取得突破。

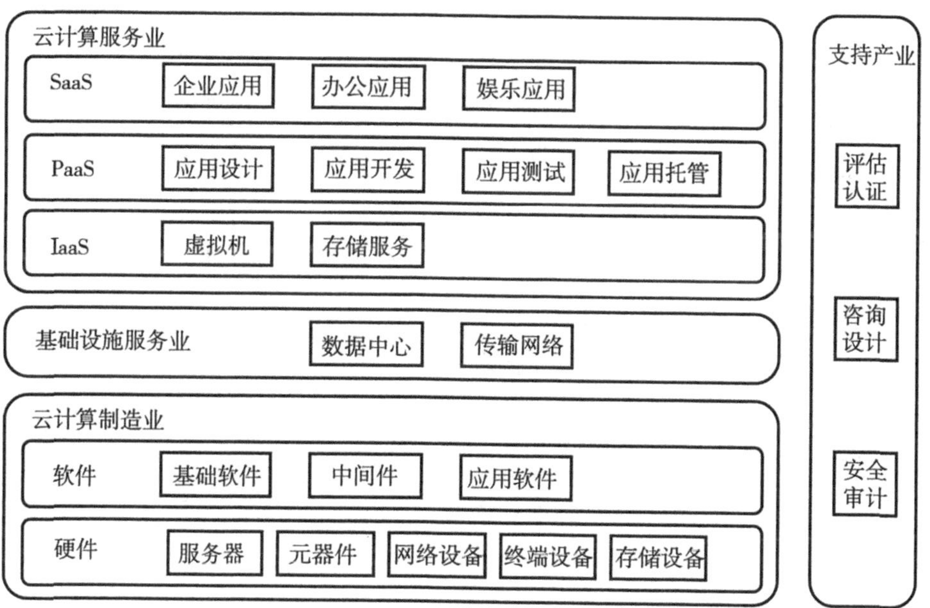

图 3-5　云计算产业体系构成

从国际比较看，我国云计算市场整体规模依然较小，但潜力巨大。就细分领域而言，国内 IaaS 市场处于高速增长阶段，以阿里云、腾讯云、优云为代表的厂商不断拓展海外市场，并开始与亚马逊云服务平台(Amazon Web Services，AWS)、微软等国际巨头展开正面竞争。国内 SaaS 市场成熟度有待提高，尚缺乏行业领军企业，市场规模偏小。

从政策环境看，我国陆续出台多项促进云计算发展的支持政策。2010 年以来，我国支持云计算发展的各项政策陆续出台(见表 3-1)，主要聚焦于产业发展、标准制定、技术融合创新、安全管理等方面，不断促进云计算从概念转向实际应用。

表 3-1　促进云计算发展的相关政策

发布时间	发布部门	政策文件	主要内容
2012 年 7 月	国务院	《国务院关于印发“十二五”国家战略性新兴产业发展规划的通知》(国发〔2012〕28 号)	突破云计算等新一代信息技术，推进技术创新、新兴应用拓展和网络建设的互动结合
2015 年 1 月	国务院	《国务院关于促进云计算创新发展培育信息产业新业态的意见》(国发〔2015〕5 号)	加快发展云计算，打造信息产业新业态，推动传统产业升级和新兴产业成长，培育形成新的增长点，促进国民经济提质增效升级
2015 年 7 月	国务院	《国务院关于积极推进“互联网+”行动的指导意见》(国发〔2015〕40 号)	探索推进互联网金融云服务平台建设，探索互联网企业构建互联网金融云服务平台
2016 年 7 月	国务院	《国务院关于印发“十三五”国家科技创新规划的通知》(国发〔2016〕43 号)	发展新一代信息技术，重点包括云计算等技术的研发及应用
2010 年 5 月	国家发展和改革委员会办公厅	《国家发展改革委办公厅关于当前推进高技术服务业发展有关工作的通知》(发改办高技〔2010〕1093 号)	发展面向市场的高性能计算和云计算服务，开展物联网和下一代互联网应用服务，重点在金融领域开展物联网特色服务示范
2010 年 10 月	国家发展和改革委员会、工业和信息化部	《国家发展改革委工业和信息化部关于做好云计算服务创新发展试点示范工作的通知》(发改高技〔2010〕2480 号)	组建全国性云计算产业联盟，形成云计算创新发展合力，抓紧制定云计算创新发展实施方案，包括发展思路、发展领域、发展目标、主要任务和政策措施等内容

续表

发布时间	发布部门	政策文件	主要内容
2015年10月	工业和信息化部办公厅	《工业和信息化部办公厅关于印发〈云计算综合标准化体系建设指南〉的通知》(工信厅信软〔2015〕132号)	明确云计算综合标准化工作的指导思想,提出建设云计算标准规范体系的要求
2015年11月	工业和信息化部	《工业和信息化部贯彻落实〈国务院关于积极推进"互联网+"行动的指导意见〉的行动计划》(2015—2018年)(工信部信软〔2015〕440号)	提升"云计算+大数据"综合支撑能力
2016年12月	工业和信息化部	《软件和信息技术服务业发展规划(2016—2020年)》(工信部规〔2016〕425号)	加快云计算快速发展和融合创新,进一步重塑软件的技术架构、计算模式、开发模式、产品形态和商业模式
2017年4月	工业和信息化部	《工业和信息化部关于印发〈云计算发展三年行动计划(2017—2019年)〉的通知》(工信部信软〔2017〕49号)	持续提升关键核心技术能力,加快完善云计算标准体系,深入开展云服务能力测评
2017年6月	中国人民银行	《中国金融业信息技术"十三五"发展规划》(银发〔2017〕140号)	加强金融业云计算应用政策研究和引导,研究制定风险评价、准入及退出机制、数据安全保护、业务连续性管理以及风险安全防控等政策,营造金融业云计算应用发展的良好环境
2018年8月	工业和信息化部	《推动企业上云实施指南(2018—2020年)》(工信部信软〔2018〕135号)	统筹协调企业上云工作,组织制定完善企业上云效果评价等相关标准,指导各地工业和信息化主管部门、第三方机构等协同开展工作
2019年8月	中国人民银行	《金融科技发展规划(2019—2021年)》(银发〔2019〕209号)	合理布局云计算。统筹规划云计算在金融领域的应用,引导金融机构探索与互联网交易特征相适应、与金融信息安全要求相匹配的云计算解决方案,搭建安全可控的金融行业云服务平台,搭建集中式与分布式协调发展的信息基础设施架构,力争云计算服务能力达到国际先进水平

2020年我国云计算整体市场规模达1781.8亿元，增速为33.6%。到2023年，我国云计算市场规模达6165亿元，同比增长35.5%，增速远高于全球。其中，2022年我国公有云市场占比最高，达71.6%；私有云的市场规模仅占比28.4%。在2023年，公有云市场规模达4562亿元，同比增长40.1%，占国内云计算市场的比重为74.48%；私有云市场规模达1563亿元，同比增长20.8%，占国内云计算市场的比重为25.52%。

2022年中国公有云IaaS市场规模达到2442亿元，随着企业数字化转型的推进以及对云计算基础设施需求的不断增加，IaaS市场持续保持较高的增长态势。2022年中国云计算PaaS市场规模为342亿元。随着人工智能大模型的发展以及企业对应用开发和部署效率的要求不断提高，PaaS市场的需求逐渐增加。SaaS市场是云计算市场中面向企业用户的重要领域，2022年市场规模为472亿元。在中小企业数字化转型的驱动下，SaaS市场保持稳定增长。

在过去较长一段时间内，我国云计算专利申请数量整体上呈现出增长态势。2018年到2021年我国云计算专利申请数量从3179项增加到了5795项，年均复合增长率为22.2%。显示出我国云计算领域的技术研发活动日益活跃，企业和科研机构对云计算技术的关注度不断提高，投入的研发力量不断增强。

(四)云计算技术标准化情况

国际上，国际标准化组织、国际电信联盟等组织均已开展云计算相关国际标准研究工作。已发布的标准主要集中在基础概念、参考架构等方面(见表3-2)，多数机构已将业务迁移和安全列为重要标准化工作方向。

表3-2　国际云计算标准编制情况

发布时间	发布机构	标准名称	主要内容
2013年	国际电信联盟	《云计算框架及高层需求》(TU-TY.3501)	界定云计算基本框架，明确云计算服务和资源方面的应用案例和高层需求
2014年	国际标准化组织	《信息技术　云计算　概述和词汇》(ISO/IEC 17788:2014)	定义云计算相关基础术语
2014年	国际标准化组织	《信息技术　云计算　参考架构》(ISO/IEC 17789:2014)	明确云计算参考架构
2016年	国际标准化组织	《信息技术　云计算　服务水平协议(SLA)框架》第1部分：概述和概念(ISO/IEC 19086－1:2016)	试图建立一组可用于创建云服务水平协议(SLA)的通用组块(概念、术语、定义、上下文)

续表

发布时间	发布机构	标准名称	主要内容
2017 年	国际标准化组织	《信息技术　云计算　云服务和设备：数据流、数据类别和数据使用》(ISO/IEC 19944:2017)	描述了由云服务、云服务客户、云服务用户及其设备之间相关数据流组成的生态系统
2017 年	国际标准化组织	《信息技术　云计算　服务水平协议(SLA)框架》第 3 部分：核心一致性要求(ISO/IEC 19086—3:2017)	指定了云服务水平协议(SLA)的核心一致性要求以及有关核心一致性要求的指南
2017 年	国际标准化组织	《信息技术　云计算　互操作性和可移植性》(ISO/IEC 19941:2017)	指定了云计算互操作性和可移植性类型以及用于讨论互操作性和可移植性的通用术语和概念
2018 年	国际标准化组织	《信息技术　云计算　多源数据处理的信任框架》(ISO/IEC TR 23186:2018)	描述了一个用于处理多源数据的信任框架
2018 年	国际标准化组织	《云计算　服务水平协议(SLA)框架》第 2 部分：度量模型(ISO/IEC 19086—2:2018)	建立了通用术语，定义了一个云服务水平协议(SLA)的计量模型，还包括模型的应用实例
2019 年	国际标准化组织	《信息技术　云计算　政策制定指南》(ISO/IEC TR 22678:2019)	提供了关于以国际标准为工具制定云服务和云服务提供商相关管理政策的指导
2019 年	国际标准化组织	《云计算　服务水平协议(SLA)框架》第 4 部分：个人身份信息安全和保护的组件(ISO/IEC 19086—4:2019)	指定了用于云服务水平协议(SLA)的个人身份信息组件等方面的安全性和保护，包括相关要求和指导
2019 年	国际标准化组织	《信息技术　安全技术　在充当个人身份信息(PII)处理器的公共云中保护 PII 的行为准则》(ISO/IEC 27018:2019)	建立了公认的控制目标、控件和准则，用于根据 ISO/IEC 29100 中针对公共云计算环境的隐私原则实施保护个人身份信息(PII)的措施

在我国，工业和信息化部已提出构建由云基础、云资源、云服务、云安全四

部分组成的云计算综合标准化体系框架。目前,已正式发布多项云计算技术相关国家标准,对技术术语、参考架构、应用接口、服务安全等方面进行了规范(见表 3-3)。

表 3-3　我国云计算标准编制情况

发布时间	归口单位	标准名称	主要内容
2014 年	全国信息安全标准化技术委员会	《信息安全技术　云计算服务安全指南》(GB/T 31167—2014)	描述云计算服务面临的主要安全风险,提出云计算服务生命周期各阶段的安全管理和技术要求
2014 年	全国信息安全标准化技术委员会	《信息安全技术　云计算服务安全能力要求》(GB/T 31168—2014)	明确云计算服务安全能力审查要求和依据
2015 年	全国信息安全标准化技术委员会	《信息技术　云计算 概览与词汇》(GB/T 32400—2015)	规范云计算基本概念和常用词汇
2015 年	全国信息安全标准化技术委员会	《信息技术　云计算 参考架构》(GB/T 32399—2015)	规范云计算参考架构
2017 年	全国信息安全标准化技术委员会	《信息安全技术　云计算服务安全能力评估方法》(GB/T 34942—2017)	规范云计算服务安全能力评估的原则和方法
2017 年	全国信息安全标准化技术委员会	《云计算数据中心基本要求》(GB/T 34982—2017)	规范场地、资源池、电能使用效率、安全、运行维护等要求
2017 年	全国信息安全标准化技术委员会	《信息技术　云计算 平台即服务(PaaS)参考架构》(GB/T 35301—2017)	规定了平台即服务(PaaS)参考架构的术语定义和缩略语、图例说明,PaaS 参考架构概念,PaaS 用户视图和功能视图

续表

发布时间	归口单位	标准名称	主要内容
2017年	全国信息安全标准化技术委员会	《信息安全技术 云计算安全参考架构》(GB/T 35279—2017)	规定了云计算安全参考架构，描述了云计算角色，规范了各角色的安全职责、安全功能组件及其关系
2018年	全国信息安全标准化技术委员会	《信息技术 云计算 云服务运营通用要求》(GB/T 36326—2018)	规定了云服务提供者在人员、流程、技术及资源方面应具备的条件和能力
2018年	全国信息安全标准化技术委员会	《信息技术 云计算 平台即服务(PaaS)应用程序管理要求》(GB/T 36327—2018)	提出了平台即服务(PaaS)应用程序的管理流程，并规定了PaaS应用程序的一般要求与管理要求
2018年	全国信息安全标准化技术委员会	《信息技术 云计算 云服务级别协议基本要求》(GB/T 36325—2018)	规范了云服务级别协议的构成要素，明确了云服务级别协议的管理要求，并提供了云服务级别协议中的常用指标
2018年	全国信息安全标准化技术委员会	《信息技术 云计算 文件服务应用接口》(GB/T 36623—2018)	规定了文件服务应用接口的基本要求和扩展要求
2015年	工业和信息化部	《云计算基础设施即服务(IaaS)功能要求与架构》(YD/T 2806—2015)	规范云计算IaaS的服务种类与服务模式、功能架构及功能需求、接口及安全要求、关键业务流程。规范云计算IaaS的服务种类与服务模式、功能架构及功能需求、接口及安全要求、关键业务流程
2015年	工业和信息化部	《云资源管理技术要求》(YD/T 2807.1—2015、YD/T 2807.2—2015、YD/T 2807.3—2015、YD/T 2807.4—2015、YD/T 2807.5—2015)	规范云资源管理平台的系统架构、综合管理平台整体功能要求、分平台技术要求以及资源管理接口、安全性和其他非功能性要求

续表

发布时间	归口单位	标准名称	主要内容
2016年	工业和信息化部	《公有云服务安全防护要求》(YD/T 3157—2016)	规范公有云服务安全防护要求,包括数据安全、应用安全、网络安全、虚拟化安全、主机安全和管理安全
2016年	工业和信息化部	《公有云服务安全防护检测要求》(YD/T 3158—2016)	规范公有云服务安全防护检测要求
2016年	工业和信息化部	《云计算安全框架》(YD/T 3148—2016)	阐明云服务客户、云服务供应商、云服务伙伴面临的安全挑战,以及降低风险和应对挑战的安全能力
2016年	工业和信息化部	《云资源运维管理功能技术要求》(YD/T 3054—2016)	规范云计算物理资源、虚拟资源及云平台系统的管理功能技术要求
2017年	工业和信息化部	《智能型通信网络　云计算数据中心网络服务质量(QoS)管理要求》(YD/T 3218—2017)	规范智能型通信网络中云计算数据中心网络设备的QoS能力、QoS策略管理、流分类技术、流量整形技术、队列与调度技术等要求
2017年	工业和信息化部	《智能型通信网络　支持云计算的广域网互联技术要求》(YD/T 3219—2017)	规范智能型通信网络支持云计算的广域网互联能力特性和虚拟感知、多租户隔离、二层互联、数据中心网络虚拟化、用户流量优化等技术要求
2018年	全国金融标准化技术委员会	《云计算技术金融应用规范技术架构》(JR/T 0166—2018)	规定了金融领域云计算平台的技术架构要求,涵盖云计算的服务类别、部署模式、参与方、架构特性和架构体系等内容
2018年	全国金融标准化技术委员会	《云计算技术金融应用规范安全技术要求》(JR/T 0167—2018)	规定了金融领域云计算技术应用的安全技术要求,涵盖基础硬件安全、资源抽象与控制安全、应用安全、数据安全、安全管理功能、安全技术管理要求、可选组件安全等内容
2018年	全国金融标准化技术委员会	《云计算技术金融应用规范容灾》(JR/T 0167—2018)	规定了金融领域云计算平台的容灾要求,包括云计算平台容灾能力分级、灾难恢复预案与演练、组织管理、监控管理、监督管理等内容

二、云计算技术在金融领域应用的现状

从国际情况看，部分云服务供应商积极推广金融云服务，美国已发布金融机构使用云计算服务的规范指引。亚马逊旗下云计算服务平台(Amazon Web Services，AWS)等国际厂商已研发推出了资产抵押、支付、资本市场、资产管理、保险等领域的云平台。其中，AWS已为美国第一资本、美国金融业监管局、纳斯达克、太平洋人寿等金融机构提供定制化云计算产品。2012年，美国联邦金融机构检查委员会发布《云计算外包风险管理提示》，从尽职调查、供应商管理、审计、信息安全等方面，对使用或计划使用云计算外包服务的金融机构进行规范指导。

我国金融领域稳步推进云计算技术的应用。《中国金融业信息技术"十三五"发展规划》提出，拓展云服务的应用领域，鼓励发展业务系统、技术测试、信息安全等云服务，探索基于"云"构建风控、征信、反洗钱等行业公共服务应用，提升金融服务和监管能力。2017年9月，在银监会指导下，16家具有商业银行背景的股东共同出资成立云服务公司融联易云，致力于为金融机构提供行业云等金融科技公共服务。

传统金融机构方面，由于金融行业对数据完整性、内容真实性、操作可问责性的要求较高，满足业务快速安全部署且符合监管部门要求是传统金融机构使用云计算的主要关注点。数据显示，目前，在已使用云计算技术的金融机构中，近七成金融机构采用自建私有云模式搭建云平台，近两成金融机构采购由专业金融行业云服务商提供的行业云服务，而使用公有云的金融机构只占一成(见图3-6)。具体而言，规模较大、技术实力较强的大型金融机构大多采取私有云模式，通过合作研发或技术外包方式完成私有云平台建设。中小金融机构由于自身技术实力偏弱、人才储备不足、资金投入有限等原因，更倾向于选择专为金融机构服务的行业云模式，以同时满足监管合规和控制成本方面的需求。目前，金融机构主要将渠道服务、内部支持、客户服务、管理信息等非核心系统上云，核心系统上云仍面临系统架构、安全性等问题。

目前，已有多家商业银行依托各自旗下的金融科技子公司提供金融云服务。比如，有银行设立的金融科技子公司，依托该银行银银平台科技输出业务，已为200多家中小银行提供以核心系统为主的银行信息系统云服务。该

金融科技子公司还可为金融机构提供专属云、容灾云、备份云三大基础云服务及区块链云服务、人工智能云服务、开放银行云服务，助力中小金融机构业务创新。

金融科技公司方面，为实现自身业务快速扩展，金融科技公司更倾向于使用公有云，主要与第三方公有云厂商合作。一方面，在互联网快速迭代的影响下，金融科技公司注重以客户需求为导向，持续提供各类新产品服务、优化现有产品服务，且面对激烈的市场竞争，金融科技公司需低成本地快速推出产品服务，抢占市场份额。另一方面，很多金融科技公司面临成立时间较短、资金规模较小、盈利能力较弱等问题。公有云由云计算服务商提供系统搭建和运维服务，能够较好地满足金融科技公司快速交付、节约成本的需求。目前，金融科技公司已在大数据分析、精准营销、客户服务等方面普遍应用云计算技术，并逐步推进云计算技术在信贷风控、支付清算等部分核心业务环节的应用。

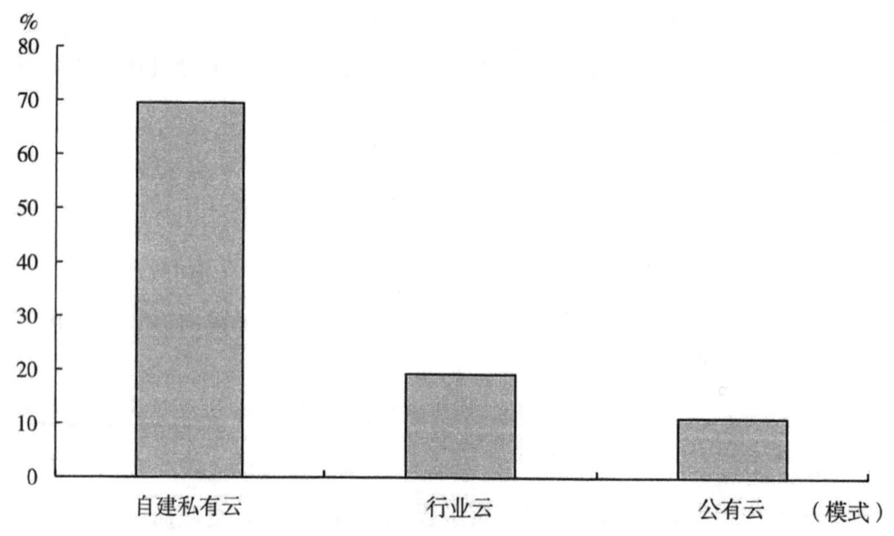

图 3-6　金融机构的云计算部署情况

应用场景方面，云计算技术在 IT 运营管理、底层平台开放、客户端行情查询、交易量峰值分配、个性化定价、网络安全管理、网络支付等方面已有一定程度的应用。应用技术方面，容器、高性能计算、微服务、DevOps 等技术的应用发展相对成熟，而边缘计算、云网融合等技术目前还处于深入研究阶段。

(一)云计算技术在银行业的典型应用场景

1. IT运营管理

在银行传统IT架构下,设备管理及资源交付的方式主要依靠手工完成,分支行在本地大量部署服务器,需分配较多资源用于设备运维。随着业务规模持续增长、业务类型不断拓展,IT架构的稳定性和可维护性面临严峻挑战。应用云计算技术可促进IT运营管理向统一部署、自动管理等方向转型。

2. 开放型底层平台

随着线上线下融合程度日益加深,客户对场景化金融服务的需求不断增加,单一金融产品已无法充分满足不同场景下客户多元化、差异化的金融需求。应用云计算技术搭建开放型底层平台,有助于优化金融服务生态圈和产业链,依托金融服务与生活场景的结合,提升金融账户价值,改善客户服务体验。

(二)云计算技术在证券基金业的典型应用场景

1. 客户端行情查询

证券客户端查询操作次数在行情忙闲期差异明显,峰谷期之间资源使用率差别巨大。证券行业应用云计算技术,有助于整合数据中心,充分利用已有IT资源,提高行情查询信息系统的效率和性能。

2. 交易量峰值分配

金融机构在基金集中申购、大型促销等场景下时常面临业务量突增带来的诸多问题,给运维管理带来很大挑战。云计算技术按需服务、弹性架构、高可靠性等特点可更好地满足金融机构在高弹性业务下的持续运营需求。

(三)云计算技术在保险业的典型应用场景

1. 个性化定价

定制化云软件能够快速分析用户实时数据,提供个性化定价,满足保险个性化需求。当用户依照既定行程购买保险产品时,保险企业就能立即为其提供合适的旅行保险产品。比如,有保险公司基于云计算技术推出了互联网保险平台,支持以较低成本满足海量用户的碎片化需求。

2. 产品上线销售

在保险公司传统IT架构下,存在保险产品不同渠道重复上线、渠道对接上线耗时长、核心业务系统无法线上升级等难题。应用云计算技术有助于解决这些问题。比如，有保险公司基于云计算技术建立的核心业务系统，可解决保险产品抢购业务的系统瓶颈，提供 7×24 小时的响应服务，实现互联网产品快速发布和第三方快速对接。

(四)云计算技术在互联网金融及其他领域的典型应用场景

1. 网络安全管理

个体网络借贷平台依托互联网开展业务，易成为黑客的网络攻击对象。应用云计算技术可实时部署最新安全策略和防护加固软件，通过主动防御和风险提醒方式，对黑客攻击入侵进行实时监测与防御，同时定期对网站进行全面体检，保障网站安全。

2. 业务基础设施

个体网络借贷平台主要服务长尾客户，其服务具有单笔收益低、交易笔数多、产品迭代快、规模增长快等特点。应用云计算技术可减少设备配置升级所需时间、资金成本，实现 IT 投入随规模增长线性增加。同时，云平台能够整合各业务线所需的基础组件，在减少重复开发的同时，有助于平台统一管理业务系统，实现“一次构建，处处运行”。

3. 网络支付

网上购物的小额支付场景具有一定周期性，在电商平台促销活动期间业务量会大幅增加，而这种剧变的维持时间较为短暂。业务短时增减造成数据处理规模在部分时间出现剧烈变化，产生对可弹性调配资源池的需求。基于云计算的支付清算数据处理平台，可提供大容量存储和高效数据处理能力。比如，2019 年“双十一”期间，有支付机构的支付峰值超过 54.4 万笔/秒，通过公有云提高整体资源池的上限，能够提供短时海量并发支付交易所需的资源支持。

三、云计算技术在金融领域应用的风险、挑战与展望

(一)云计算技术在金融领域应用的风险

1. 技术安全风险

一是在多租户机制下，云计算资源隔离措施不当或失效，可能导致某些用户入侵其他用户数据和应用的情况，危害金融领域数据的完整性和保密性。二

是为方便云服务使用者进行应用集成，一些云计算平台为用户提供了公开的应用程序编程接口(application programming interface,API)服务。若未能采取有效的防护措施，上述API可能成为不法分子入侵云计算平台的入口，给用户带来安全隐患。特别是，公有云面向客户提供高度一致化的基础软件资源，风险可能扩散至更多金融机构，甚至造成系统层面的危害。

2. 权责难以界定风险

部分金融机构依赖第三方为其提供云服务，可能导致权责难以界定风险及一定程度的外部性问题。一方面，一些云服务提供者具有访问、操控云服务使用者部分数据的能力，部分数据权利归属难以界定，可能形成信息窃取、信息泄露等隐患。而金融领域数据通常较为敏感，金融机构对数据控制权的削弱，既不利于消费者权益保护，也不利于监管部门防控金融风险。另一方面，信息系统的安全性由云服务使用者、提供者等多方的安全措施共同决定，安全等方面的责任难以划分，可能进一步加剧安全隐患。

3. 服务中断风险

某些云计算技术应用可能存在“集中式分布”问题，即虽然在运算任务分配等方面表现为分布式，但云服务提供商、承载相关功能的物理设备却呈现一定的集中特性，且云服务本身通常集中了大量的数据和应用。当出现人员失职、恶意攻击、系统故障等问题时，可能导致大范围的数据丢失或服务中断。特别是对将核心系统上云的金融机构而言，服务中断可能对其关键业务产生严重的负面影响。

4. 服务滥用风险

同其他技术一样，云计算技术也有可能被不法分子用于从事违法犯罪活动，因而存在服务滥用风险。某些云服务供应商对登记等流程管理不严格，使得不法分子能够以较低成本获得较为强大计算资源的使用权，可能将其应用于网络攻击、暴力密码破解、非法信息传播等活动，加大了此类违法活动的危害性及防范难度。

(二)云计算技术在金融领域应用的挑战

1. 稳定性和可靠性需进一步验证

在公有云模式下，云服务供应商提供规模化和集中化的数据中心资源，承载的业务规模庞大，对供应商在物理设施遭到破坏或故障时的运维能力将提出较大考验。在私有云模式下，云平台运维系统功能和资源调配能力问题较为突出，且IT架构需解决异构虚拟化等技术难题。

2.IT系统升级改造及云服务选型困难

传统金融机构IT系统普遍建立时间较长、复杂程度较高，对其进行升级改造以实现与云计算系统架构的融合存在管理和运维困难。同时，由于技术实力及参考示范不足，部分金融机构在云服务选型方面的困难难以解决。此外，还有部分金融机构同时采用私有云和行业云，不同系统共存对其多云管理也提出了新的要求。

3.监管规定与标准规则有待完善

比如，支持云计算的物理服务器可被置于不同地点，既有法律在适用性上存在一些问题。此外，金融机构应用云计算技术在技术选型、架构设计、安全技术要求、容灾等方面已有部分规范指引，但在云计算可信基础环境、风控和审计要求、服务外包管理、云计算产品服务评估、安全管理责任认定等方面的监管合规要求和标准规则有待进一步完善细化。

（三）云计算技术在金融领域应用的展望

云计算技术在金融领域的应用广度和深度将进一步提升。云计算技术可为大数据、人工智能等技术应用提供基础支撑，且其在金融领域的应用有助于为客户提供更低成本、更高效率的金融服务，与金融领域的深度融合是信息化时代的重要趋势。传统金融机构将依据自身技术实力，探索从辅助性业务系统上云向核心系统上云转变，从单一私有云向私有云为基础、行业云和公有云为补充转变。

各类领先的金融机构和金融科技公司将加大云计算投入并赋能中小金融机构。目前，金融科技公司正发力云计算领域，多家银行旗下金融科技子公司已着手向同业金融机构输出信息科技系统。各类领先的金融机构和金融科技公司未来将与公有云供应商、电信运营商、传统IT厂商以及相关开源创业公司一道，共同赋能中小金融机构，推动渠道服务、客户服务、信息管理、内部支持等业务系统上云。

四、推进云计算技术在金融领域应用的对策建议

进一步明确云计算技术在金融领域应用的监管要求。监管部门可结合云计算在金融领域应用的最新情况和实际需要，有选择、有计划、分步骤地研究推动相关监管细则的出台完善，规范引导金融机构在合规前提下应用云计算技术，并根据应用程度制定差异化监管规定。

探索云计算技术在金融领域应用的典型模式。在监管部门指导下，相关行业协会和产业联盟可研究推广典型云计算技术应用示范，引导帮助金融机构结合业务实际需要，并综合考虑自身信息系统所承载的业务重要性、数据敏感性等因素合理选择部署模式。同时，还可搭建金融机构与科技公司合作交流平台，促进云服务提供者和使用者之间的沟通交流，凝聚双方力量共同推动云计算技术在金融领域的应用。

加快云计算技术在金融领域应用标准的研制和推广。应深入实施《云计算技术金融应用规范技术架构》《云计算技术金融应用规范安全技术要求》《云计算技术金融应用规范容灾》等金融行业标准，并通过检测认证、能力成熟度评价等手段强化标准落地。同时，在监管规则和行业标准尚需明确的领域，充分依托行业协会、联盟组织整合行业资源优势，研制实施适应性强、灵活性高的团体标准，为制定监管规则和法律规范探路。

第四章

数字化时代金融架构变革

第一节 新一代金融企业数字化架构

一、系统设计的原理

(一)系统的定义

系统无处不在。一般来说,金融行业所指的系统包括IT系统和业务系统。在讨论金融科技话题时,我们默认IT系统。但是回到生活中,我们会发现"系统"无处不在。

如前所述,城市是一个大的系统。城市内部有交通系统、行政系统、司法系统、金融系统等。人们日常生活中,衣、食、住、行都有各自的系统,多种多样。人体内部有血液循环系统、呼吸系统、神经系统等。人体系统的复杂程度超过了人类制造的任何一台机器。

最早提出大家比较公认的"一般系统"的概念的是生物学家路德维希·冯·贝塔朗菲。他在1968年发表的《一般系统理论:基础、发展和应用》的著作中指出:系统是处于一定相互关系中的、与环境发生关系的各组成部分的总体,或者说,由两个或以上的要素组成的、具有整体功能和综合行为的统一集合体。[①] 这个

① 贝塔朗菲.一般系统论:基础、发展和应用[M].林康义,魏宏森等,译.北京:清华大学出版社,1987.

定义最初就是对生物系统的高度抽象描述。或者可以说，人类对系统的“设计”，也许就是对大自然创造生物系统的一种模仿和再现。

在实际工作中，我们不必提着理论的尺子去衡量架构师设计的成果究竟是否符合“系统”的定义，这样没有意义。但是，我们可以从系统的定义中发现一些特性的描述，为我们设计系统时的目的和方法找到一些依据，或者增进对系统本质的理解。

例如，在IT系统中，第一个关键词——相互关系，就是指内外部接口或者“界面”。这一点描述放在“一般系统”定义的最前面，可见是一件相当重要的事情。事实也是如此。在进行IT系统设计时，内外部接口的定义应该是最先设计的，否则就会给后续系统设计和建设带来无穷无尽的麻烦。第二个关键词——环境。在进行IT系统设计时应该充分考虑环境的特点和差异，若不考虑环境的特殊性和适应性，则很容易陷入“闭门造车”的困境。第三个和第四个关键词——整体功能和综合行为。这一点也提醒设计师和工程师要优先考虑系统的整体功能是否达成，综合行为是否符合预期。只有做到这两点，系统才能称为成功的系统。

(二)系统工程论

如何运用现代科学的思想和方法来设计出一个优秀的系统，这是人们一直在研究的问题。我国著名科学家钱学森在20世纪60年代创立了“系统工程”理论——对“由相互作用和互相依赖的若干组成部件结合的、具有特定功能的有机整体”的复杂系统的工程构建理论。简言之，就是在系统设计时由系统分解至部件，由部件分解至要素，在建造系统时，则由要素组成部件，再由部件组成系统。

系统工程论包含整体和还原相统一的思维理念，时至今日，仍然能够对我们的系统设计工作产生很大的帮助和指导作用。其中，值得现代数字系统架构师关注和思考的关键点如下。

1. 整体大局思维

系统最重要的特征是完整性。在构建一个系统时，首先要具备整体思维，从大处入手，做好顶层设计，考虑到每个子部件的接口和功能。这是整体思维的一种，也是大家容易理解的。另外，我们还需要意识到，我们的“系统”往往是更大的“系统”或体系的一部分。我们还需要考虑我们的“系统”与更大体系的系统的适配、兼容或者融入问题。

例如，我们在设计一个金融交易系统时，应该考虑与客户系统、清算系统、估值系统，以及外部金融系统、监管系统的对接情况，从企业的大局去考虑。如果我们进行一家公司的数字化转型设计，则应该考虑监管政策、金融环境、客户发展等外部因素，从全行业的大局去考虑。公司在做规划时，要做到“五看”——看大势、看市场、看对手、看客户、看自身。

2. 发展变化思维

世界是运动的、发展的，系统也是如此。在系统设计和建设时要重视几方面的发展变化。首先是内部人、事、资源的变化，内因的改变往往会带来根本性的变化，应引起足够重视。其次是上下游系统的变化，这些变化有可能会带来系统输入/输出的改变，需要引起极大的关注。最后是外部环境的变化。对金融行业的系统建设来说，技术发展、外部政策、市场环境、竞争对手、合作伙伴都是需要重点关注的。

3. 要素思维

在系统工程论中，钱学森提出了系统的六大要素——人、物资、设备、财、任务、信息。这六大要素是构建系统时最需要关注的，尤其是一头一尾的“人”和“信息”这两个要素。随着数字时代的到来，信息这一要素逐渐演变为“数据”要素。这也符合“发展变化思维”的观念。这些要素都要受到一定的制约：一方面是经济规律的制约；另一方面是技术条件的制约。在制约下求得总体最优，就是系统设计、建设和管理的优化提升方向。

4. 信息反馈思维

信息流，或者说数据流，是六大要素中关键的要素之一。信息要素增长越大，生产的自动化程度越高，对数据传输的速度和准确性要求就越高。信息的流转要尽可能形成闭环，这样才能形成有效的反馈，达到提升整体效率的目的。信息反馈思维在系统建设时十分重要，应用也十分广泛。例如，在进行客户服务系统设计时，就应该考虑客户信息流的有效反馈，否则客户服务的效果将不可预知。在进行业务运营系统的设计时，应该考虑业务流转信息的反馈，否则业务流向将变得不可预知。

5. 抽象蓝图思维

系统往往是对现实的抽象，而系统设计又是对系统建设的抽象。所以在进行系统设计时，需要具备抽象蓝图思维。在非信息化系统的设计中，系统设计师往往把蓝图保存在脑海中或者图纸上。例如，泥瓦匠在建设砖瓦房时，信息几乎都是无形的，蓝图就存在于泥瓦匠的脑海中。但是在建设摩天大楼时，设计师必须把设计思想实实在在地写到设计蓝图中。如果设计方案没有经过论证和评审，摩天大楼的建设就可能出现问题。

在建设现代复杂的金融信息系统时，更需要运用专业的设计工具规划数字化系统的蓝图，将系统的接口、功能抽象出来，进行论证和推演，进而保证后续的建设取得成功。

20 世纪 60 年代，钱学森发现“电子数字计算机”这一“技术革命工具”在系统和管理组织上的重大意义。

钱学森等指出，为了验证复杂系统的总体设计方案和各部件之间的相互适应性，考察系统在外部环境和各种因素中的响应，需要在电子数字计算机中将系统的因素和数量关系建立数学模型，利用电子数字计算机的强大运算功能进行模拟和推演，达到加速系统设计和验证的效果。这其实就是现代数字化转型中热议的“数字孪生”的起源。①

钱学森还指出，在组织管理和系统建设中运用电子数字计算机的好处包括：一是电子数字计算机能形成一个高效的数据库，它可以按照计划部门和领导者的需要，显示任何一项工作的历史情况和最新进度；二是通过电子数字计算机对经常变动的计划进展情况进行快速处理，计划管理人员能够及时掌握整个计划的全面动态，及时发现“短线”和“窝工”，采取调度措施改变这种状况；三是电子数字计算机能在短时间内对可能采取的几个调度措施的效果进行计算和比较，帮助计划部门确定最合适的调度方案。

这些对运用“电子数字计算机”优势的总结，放到现代数字时代，仍然对企业数字化转型具有很好的参考意义。可见，虽然技术之“术”的发展千样百态，但是科学的“道”却总是质朴而恒久的。即使时代变迁，科学之“道”仍然熠熠生辉，给予技术之“术”的发展以本源的指向。

(三)复杂巨系统

系统工程论在数十年的不断发展过程中也碰到许多问题。

① 钱学森，许国志，王寿云．组织管理的技术——系统工程[J]．上海理工大学学报，2011，33(6)：6.

在碰到超级复杂的生态系统时,许多不确定性因素交织在一起,导致系统在设计之时无法预知因果走向,顶层设计的结果往往是失败。例如,社会系统的组成因素是一个个的人,每个人的意识都具有随机性,人与人之间的关系错综复杂。钱学森将这类系统称为“复杂巨系统”。在复杂巨系统的设计和规划中,人们往往会遇到许多不可知的问题,甚至可以说,复杂巨系统是很难“设计”出来的,它往往是“生长”出来的。

针对如何解决复杂巨系统的建设问题,人们做了很多理论探索与研究,发展出耗散结构理论、模糊理论、混沌理论、复杂适应系统理论等学说。耗散结构理论提出了一个远离平衡态的、多组分多层次的开发系统。复杂适应系统理论则强调系统内部复杂的微观主体的互相作用会促使系统变化和发展,所以它采取自下而上的“生长”模式。

随着数字技术的飞速发展,基于人工智能、深度学习、神经网络等技术构建的系统日益呈现出复杂巨系统的特征。这些系统需要用“生长”的思维来看待,而不能简单地用确定性的思维模式来理解。

如何运用这些复杂巨系统的理论不是本书研究的重点,但金融数字化系统往往具备“简单”与“复杂”的双重特性。从金融业务来看,它追求确定性、精准性,需要简单明了的结果。从金融生态来看,它与大量生物的人或企业的人(法人)相关,往往会产生并使用海量的数据,具有非常高的复杂性。

这就要求金融行业数字化系统的设计师要同时兼顾“自上而下”的系统工程思维和“自下而上”的复杂适应思维。既重视系统的顶层规划设计,又兼顾系统的自主生长式发展,这样才能保持系统的鲁棒性和可发展性。

(四)系统架构设计方法

系统的架构就是系统的骨架和蓝图,也是对系统的抽象和提炼。系统架构对系统建设的重要性,就如同人的骨骼对人体的重要性一样,它定义了系统的基本功能特性和部件分布。系统架构设计是系统建设的首阶段任务,贯穿整个系统建设过程,是系统建设中各个角色的通行语言。唯有优良的系统架构才能带来优秀的系统。

计算机信息系统的架构设计有许多优秀的方法论,TOGAF 是其中较为通用的一种。TOGAF(The Open Group Architecture Framework,开放组架构框架)是在美国国防部的信息管理技术架构(Technical Architecture for

Information Management，TAFIM)的基础上，由国际标准权威组织 The Open Group 制定并不断发展起来的。TOGAF 支持迭代式的过程阶段设计，从企业的业务架构入手，再到应用架构、数据架构、技术架构，建立了一套可重用的架构模板，通过最佳实践帮助企业进行架构设计。TOGAF 在许多大型企业获得了深入应用，形成了强大的生命力。

此外，在软件设计领域，DDD(Domain-Driven Design，领域驱动设计)是一个新兴的架构设计方法论。DDD 基于事件风暴，使用通用语言对业务进行领域建模，通过界限上下文对业务进行合理的领域拆分，使得领域模型能更好地转向微服务和落地，从而解决复杂巨系统难以理解、难以演进，以及系统中业务界限难以界定的问题。DDD 是以业务为导向来设计领域和边界，非常适用于复杂巨系统的设计，近年来，在许多分布式和微服务的复杂巨系统设计场景中得以应用，并取得了极佳的效果。

金融行业是数字化程度领先的行业，金融企业也正在向数字化和智能化的方向发展。金融企业的数字系统日趋复杂，对系统架构的要求也越来越高。这就需要金融企业的系统架构师具备多样化的系统性思维，充分考虑内外部的发展要求和制约因素。

例如，在进行数据中心架构设计时，要充分考虑到政府部门对绿色、节能、环保方面的要求；在进行信息系统架构设计时，要充分考虑到金融科技的技术发展方向等。金融企业的系统架构师需要灵活运用多种架构设计方法，结合金融企业自身实践，找到具有金融特色和符合自身特点的架构设计之道。

二、金融系统架构从分散式到集中式，再走向分布式

中国金融企业的信息系统架构经历了从分散式架构到集中式架构，再到分布式为主的复杂架构的演化过程。

(一)分散式架构

金融企业的系统架构发展受到业务发展和技术条件两方面的制约。2000 年之前，金融企业的信息系统架构大多数是分散式架构。

对大型银行来说，由于存在许多分支机构，各地的业务模式不尽相同，经济发展条件也有很大差异，总行的信息系统规划停留在比较宏观的层面。因此，信息科技系统建设主要由各地分行独自完成。整个银行系统架构是一种分散

式架构。对中小银行以及证券、保险等非银金融企业来说，由于信息技术的投入水平相对有限，信息系统多以小型机和微型机为主，整个架构也是分散式的。

分散式架构的优势在于灵活且适应性强，能够最大限度、最快速地满足本地化的业务需求，但是也带来很多问题。

例如，科技人员的总体投入问题。在分散式架构下，信息系统的重心在各个分支机构，各地需要大量的信息科技人员，总体成本高。同时，各地信息系统标准不一，在客户办理业务时的体验、信息系统操作模式、数据统计模式上各自为政，缺乏统一标准，数据质量存在巨大问题，信息系统的安全风险也难以做到统一管控。分散式架构在每个单体上的业务处理能力和抗风险能力都比较差，难以应对快速的业务发展需求和复杂的网络环境变化。

（二）集中式架构

随着信息系统的重要性日益凸显，分散式架构的问题越来越严重，金融企业开始重视系统架构的建设问题。2000 年前后，金融企业纷纷转向集中式架构建设。

如 1999 年，中国工商银行启动"9991"大集中工程，把分散在全国各地的 30 多套大型主机系统集中起来，构建统一的、集约式的数据中心。在全国大集中之前，中国工商银行其实已经开展了一项较为巨大的"大机延伸工程"。该工程把中国工商银行在全国的完全分散式的计算机系统集中为省级区域中心式系统。后来数据中心全国大集中逐渐成为趋势。2005 年，中国建设银行和交通银行也分别完成全国性数据中心集中建设。在国有大行的引领下，中国金融行业也逐渐完成从分散式架构向集中式架构的演变。

集中式架构具有集约式、统筹建设的优势。在数据中心层面，"两地三中心"成为较大型金融企业的"标配"。这种多中心的模式在具有数据集中优势的同时实现了架构上的备份和容灾能力。交易系统和管理系统也趋向于功能集中和数据集中。相比于单体式系统，集中式系统的处理能力和系统容量实现了质的飞跃，极大地增强了金融企业的信息处理能力。

基于集中式架构金融企业构建了统一的科技队伍，实现了信息科技内部的专业化分工，有能力在信息科技的架构、研发、测试、运维等层面实施精细化管理，同时极大地提升了信息科技水平。

随着数字科技的飞速发展，互联网浪潮滚滚而来，数字时代的金融业务和金融需求面临日新月异的变化。在这一过程中,集中式架构臃肿和笨重的劣势逐渐显现。这使得集中式架构在数字时代难以满足快速发展的要求。在数字时代,云计算、大数据、人工智能、区块链等新兴技术对金融行业的信息技术产生了很大的冲击,金融科技的理念逐渐确立。分布式、微服务的设计思想由互联网界延伸至金融科技界,这促使金融行业信息系统的集中式架构开始向分布式架构演进。

(三)分布式架构

分布式架构是采用分布式计算模式的系统架构。分布式架构并不是分散式架构的简单循环再现,而是具有较为严谨的理论基础和实现框架。总的来看,资源共享和负载均衡是分布式计算模式的两大主要特征。在集中式系统中,核心数据资源一般存储在中央数据库中,实现资源的共享和应对高并发访问时会遇到许多问题。分布式计算模式解决了资源共享和负载均衡的问题。该模式能够在分布式算法的调配下通过多台计算机实现数据、计算等资源的有效共享和负载均衡。

分布式系统的复杂度比集中式系统高很多,而且有许多独特的性质。例如,CAP 原理指出,在分布式系统中,一致性(consistently)、可用性(availability)、分区容忍性(partition tolerance)这三个特性最多只能实现其中两点,不可能三者同时实现(又一个“不可能三角”)。分区容忍性是分布式系统的基本特性,如果失去这一点则分布式系统失去意义,所以分布式系统只能在其他两个特性之间进行取舍和平衡。在网页应用中,人们往往优先考虑可用性,而牺牲一部分一致性。但是,在很多金融场景下,金融业务要求事务的一致性。这使得在金融场景下应用分布式架构并不容易。

在实践中,分布式架构会舍弃一些关系型数据库强调的事务强一致性,但是会采取基于时间顺序窗口复制等方法,让最终结果达到一致性,并且对用户保持透明,从而实现“用户可感知的一致性”。

微服务是对分布式系统的一种最佳的架构实现模式。简单来说,微服务就是在业务架构的基础上对逻辑层次和逻辑架构进行划分,从而形成层次分明的逻辑域。微服务在每个逻辑域内对服务进行原子化的抽象和切分,而各服务之间通过 RPC(Remote Procedure Call,远程过程调用)等接口服务模式进行调用。这样通过多层次的服务体系支撑整个系统功能的实现。

微服务是 SOA(Service-Oriented Architecture,面向服务架构)思想的一种实现,但是它与传统的 SOA 又有许多不同。例如,微服务的服务颗粒度更细,每个微服务都能够独立部署、运行,但微服务互相之间也可能存在互相依赖的情形。微服务强调接口及调用方法的一致性。这些特性保证了微服务架构的敏捷和弹性,但是也带来了分布式系统的高复杂性。

在云原生、容器化技术的加持下,微服务如虎添翼,在大规模、高复杂系统的支撑上显现出巨大的优势。微服务将整个系统功能切分为逻辑化部件和大量的原子化服务,这带来了架构上的巨大灵活性——既可以按照部件进行组合,又可以对原子服务进行重新编排,以随业务的需求而变。微服务架构定义了标准化的接口和调用方式,这样不仅有利于提升内部通信效率,而且能够观察和监控内部通信网络,及时发现流量阻塞点和故障点,从而保证整个系统的鲁棒性。

由于微服务彼此互相隔离和独立部署,这就使得开发微服务的过程变得相对独立,进而实现大规模团队并行开发。基于容器化技术,不仅可以快速部署多个微服务节点以实现负载均衡,而且能够实现多个服务版本共存,使 A/B Test 等多版本验证的模式得以实现。这不仅增强了测试工作的灵活性,而且能够实现多种新服务模式的验证性尝试,从而为业务创新提供强大的技术支撑。

(四)金融企业系统架构实践

在现实的金融企业中,分布式微服务架构和传统集中式架构往往并存。一方面,金融企业积极拥抱创新技术,发展金融科技,建立新的数字系统,这些创新类系统多以分布式微服务架构构建;另一方面,由于金融企业的传统系统较多,且这些系统仍发挥重要作用,这类系统大多采用集中式架构构建。为了维持业务连续性和系统稳定性,集中式和分布式并存的情况预计会在金融企业内存在较长时间。

金融系统的 IT 架构是面向业务发展的。从典型的银行架构来看,银行的服务目标大致可分为个人客户、企业客户、政府机构三大类。此外,由于金融业务的特殊性,银行还面临监管单位的监控和审计。从银行主体业务来看,一般可以将银行的服务对象划分为个人业务和对公业务。这些业务的核心账务都会汇集到集中式系统中进行统一处理。为了防控金融业务中的各种风险,银行建立了严密的风险管理系统和合规稽核系统。由于信息化建设较为成熟,银行的各类运营支撑系统也较为完备。

银行由于体量一般较大，对系统的鲁棒性、稳定性要求较高。2010 年以来，由于相关业务受到的互联网冲击较大，许多银行开始积极发展基于互联网的渠道。银行由于历年积累了大量的金融数据，对数据资产的积累和数据的分析、挖掘都较为重视，数据应用水平较高。有能力的领先银行在积极尝试基于人工智能技术开展业务。但是，由于在体量和投入上与大型银行存在巨大差异，许多中小银行的 IT 系统架构并不是十分健全，数据应用和数据治理的水平也比较低。

同为金融行业，保险公司和证券公司的 IT 系统架构与银行大体相似。但是，由于保险公司和证券公司的业务模式存在差异，因此两者的 IT 系统架构也具有不同的特点。

由于保险业务与人们的生产、生活紧密相关，因此保险系统也特别重视对社会生活的融入。随着万物互联时代的到来，与数字世界形成融入式生态，将会是保险系统的存在方式。保险业务与银行业务同样是客群规模巨大的金融业务，因此保险公司的 IT 系统在容量和鲁棒性方面同样也有很高的要求。

相对于银行业务和保险业务，证券业务涉及的客户规模一般较小。但是证券业务的特点是高时效性，对时间性能的追求永无止境，因此，证券交易系统对低时延网络的要求较高。此外，由于证券业务主要面向证券市场，因此其对市场的投资研究更为体系化。

三、基于分布式技术的金融企业数字化架构

金融企业要开展数字化转型，数字化架构的规划是最基础和最重要的行动。在规划新一代金融企业数字化架构之前，首先要分析金融企业面临的业务背景的变化与趋势。

（一）金融企业数字化架构的业务背景

进入数字时代，金融企业面临的社会环境、市场环境、客户群体都发生了重大变化。

数字时代进一步深化，数字经济超越实体经济可能是大概率事件。金融作为资源调配的核心润滑剂，其重要性依旧显著，但是金融企业面临的竞争形势必然会越来越激烈。

时代变了,社会变了,客户变了,金融商业模式也发生了重大改变。用户思维、客户体验、产品创新、敏捷运营、风险贯穿、金融科技 2.0 成为金融新商业模式的关键词。金融企业需要提出新的数字化架构来应对商业模式的变化,从而提升自身核心竞争力。新的数字化架构不仅可以为金融企业的业务开展和运营起到支撑作用,而且能将新的数字科技与金融业务、客户、伙伴深度融合,形成新的金融场景和金融生态,创造新的价值和收入。

因此,金融企业的数字化架构师将面临构建新一代金融企业数字化架构的新挑战。这不是来自技术创新的挑战,而是来自商业模式创新的挑战,以及支撑商业模式创新的挑战。

(二)新一代金融企业数字化架构的特征

那么,新一代金融企业数字化架构究竟是什么样呢?应该具有什么样的特性?

金融科技 2.0 的理念——数字化、智能化、场景化、生态化、平民化。这些特征和金融新商业模式的特征——用户思维、客户体验、产品创新、敏捷运营、风险贯穿——有机结合起来,就能推导出新一代金融企业数字化架构的目标需求。尝试从金融企业数字化架构师的视角去理解这些目标需求。在这些目标需求的基础上,再尝试构建一个具有金融科技 2.0 特征的数字化架构。

1.“数字化”特征

新一代金融企业数字化架构的核心是全链路和全场景的数字化。金融企业数字化架构师在架构规划时,要从顶层数字化架构和底层数字化生长模式两方面入手,使得数字的“骨架”能够站立起来,同时预留数字“血肉”的生长空间。也就是说,既要规划大的数字部件,设计基础性的数字连接标准,也要预先考虑数据治理的推进路线、数字文化的内容空间和数字生态的融合生长模式。

从金融企业的主体来看,数字部件设计可以规划为数字装备、数字大脑和数字底座三大部分。这三大部分构成数字化架构的主体部件。对于数字连接标准设计,应该优先考虑业界成熟通用的数字连接标准,以便高效地连接主体部件。数字组织、数字文化、数据治理、数字生态是围绕主体部件的辅助部件。这些主体部件和辅助部件构成了新一代金融企业数字化架构的基本内容。

2.“智能化”特征

人工智能技术是未来金融科技的核心技术之一。智能化将是未来领先的金融企业最重要的特征。针对新一代金融企业数字化架构支撑智能化的实现，需要从主体部件的三方面考虑。

①针对数字装备部件，是连接智能、感知智能和敏捷智能。在端侧和边侧对智能模型进行实时训练和应用，实现装备端的持续敏捷。

②针对数字大脑部件，是思考智能和深度智能。对海量的业务数据、管理数据、知识数据、连接数据进行自驱动和自闭环的分析、训练、模拟、优化，不断产生新的模型、规则、知识，实现企业运作的深度思考和改进。

③针对数字底座部件，是支撑智能在网、云、链、数等基础平台层面实现智能运营，优化基础设施和基础能力，实现对数字装备和数字大脑的技术支撑。

3."场景化"特征

场景化是现代金融服务的核心，实现场景化与数字化架构的主体部件高度相关。数字装备把客户、员工与生产和生活、金融业务连接起来，融为一体，构建了数字化方式的新金融场景。

①数字大脑运作和优化金融场景。数字大脑为金融场景提供智能的模型模式和规则指导，促使产生更优质的金融服务结果。金融场景不仅是金融企业的数字科技应用场所，而且是数字需求的来源。在金融场景中应用数字科技，能够源源不断地产生各种场景数据。数字大脑对这些数据进行分析和复盘，就能不断优化金融服务模式和金融业务流程。

②数字底座支撑金融场景，使得场景的运行更加高效、可靠和安全，实现了金融场景的敏捷，提升了客户体验。

总体来看，基于场景，客户与金融企业之间产生了双向有效感知。这种感知将不断发酵，促进金融企业不断数字化生长。

4."生态化"特征

之所以我们在设想新一代金融企业数字化架构时多次提到"数字化生长"，是因为现代金融体系是一个典型的"复杂巨系统"。金融与人们的生产、生活互相融合，业务与科技互相融合，客户、金融企业与伙伴互相融合。在这样的背景下，金融企业的系统架构师不能再用简单的系统工程化思维来机械地规划数字化架构，而是需要充分考虑复杂系统的适应性问题，预留数字化生长的空间。

其中数字生态的培育和发展起到极其重要的作用。如何形成数字生态，则需要重点发挥数字装备的连接作用，通过数字装备系统化、自动化地连接外部生态。典型的应用模式就是2021年兴起的开放银行、API银行。这些应用模式将金融业务服务化,连接到外部数字世界的生产和生活中,服务千行百业,形成融合式的创新金融场景。数字生态是非常重要的"辅助部件",一旦构建,就会不断地为主体部件"浇水施肥",极大地推动金融企业的数字化生长。

5."平民化"特征

金融企业服务千行百业,无论是在传统的社会经济中,还是在未来的数字经济中,金融服务都不应该是复杂而难以理解的专业化服务,而是人人都可方便使用的平民化服务。

随着"Z世代"人群逐渐成长,"银发族"人群的规模增大,"下沉人群"的声音显现。这些客户群体对简单、便捷、随手即用的体验要求越来越高,他们的需求越来越不可忽视。金融企业应该高度重视他们的体验需求。

金融企业不仅应该做好外部客户体验,还应该做好内部员工体验和协同伙伴体验,因为他们是重要的生产者和合作者。这就要求金融企业的数字装备的操作使用平民化,数字大脑中的模型和规则的组装编排平民化,数字底座的管理和运营平民化。平民化的数字技术已经非常普遍,例如RPA、低代码和无代码开发平台、增强数据分析工具等。金融企业应该积极运用这些平民化的数字工具,提升数字装备、数字大脑、数字底座的敏捷性,这样才能加速数字化生长。

第二节　新连接:数字装备

一、数字化新连接

数字时代的新连接技术,包括基础通信技术、万物互联的物联网技术、应用连接技术等。

(一)5G与Wi-Fi6

数字装备的基础技术是连接技术,而5G是近年来最重要的连接技术之一。5G指的是第五代移动通信技术。从移动通信技术发展史来看,第一代移动通信技术是模拟信号通信技术;第二代移动通信技术(2G)发展出数字通信技术;第三代移动通信技术(3G)则将数字通信范围大大扩展,开始发展出移动互联网生态;第四代移动通信技术(4G)则将带宽进一步扩大,使得人与人之间的移动数字交流变得通畅；第五代移动通信技术（5G）则将数字连接扩展到人与物，开始构建万物互联的移动数字网络。按照国际电信联盟的定义，5G是具有高速率、低时延和大连接特点的新一代移动通信技术，是实现人、机、物互联的网络基础技术。

5G作为目前通信行业最新一代的移动通信技术，具有八大关键指标。其中峰值速率、移动性、时延和频谱效率是传统的移动宽带关键指标。人们新定义了4个关键指标，即用户体验速率、连接数密度、流量密度和能效。5G具有20Gbit/s的接入速率、1毫秒级时延的业务体验、千亿设备的连接能力、超高流量密度和连接数密度及百倍网络能效提升等极致性能。

国际电信联盟指出，5G的强大性能将支撑起三大类创新应用场景——增强移动宽带（eMBB）、超高可靠低时延通信（uRLLC）和海量机器类通信（mMTC）。增强移动宽带主要面向移动互联网流量爆炸式增长，为用户提供更加极致的应用体验。超高可靠低时延通信主要面向工业控制、远程医疗、自动驾驶等对时延和可靠性具有极高要求的垂直行业应用需求。海量机器类通信主要面向智慧城市、智能家居、环境监测等以传感和数据采集为目标的应用需求。

5G在全球范围已经开始商用，但是通信技术的研发者并没有停下前进的脚步。在2020年年底的全球移动宽带论坛（Global MBB Forum）上，中国通信科技领军企业华为公司提出5.5G的概念——在现有5G基础上增加上行大带宽能力、实时交互能力和融合感知能力等三大特征，使得5.5G能够更好地支持万物互联的高可靠性、超低时延的各类场景。

此外，据了解，华为等公司目前已经开展对6G的研发，有可能在2030年前后推向市场。虽然现在6G的特性如何尚不能明确，但可以预见的是，基础通信技术的每一次重大变革都会带来数字社会的重大升级。

5G为金融行业带来创新的应用场景。5G的大带宽和移动性使得银行能够快速构建远程服务场景。例如，中国银行、中国工商银行、中国建设银行、中国农业银行等纷纷设立“5G＋智能网点”。中国银行称该行的“5G＋智能网点”是一个生活化的智能场景，许多传统的复杂的柜面业务可以通过基于5G的“一对一远程智能柜面”完成。该模式带给客户便利性的同时，也大大节省了柜面人员的投入成本。

除在智能网点应用以外，5G还因为具有大带宽的特点，可以为银行的服务内容提供更加丰富的形式。例如，民生银行推出的5G手机银行突破了原来手机银行App的静态展现的局限，融合了图片、文字、音视频等多种内容形式。从用户打开手机银行App到浏览首页背景、各样功能模块、信息呈现、营销优惠活动等，所有信息都“动”了起来，可以给用户带来完全不同的使用体验。

证券行业是一个高频、实时的交易行业。量化交易、算法套利等场景对低时延有着极致性的要求，5G的低时延特性正好满足了这一需求。据广发证券介绍，传统的超低时延设备造价高昂，部署不便，但是基于5G的uRLLC标准，可以利用5G低时延特性，为VIP客户快速部署独立交易主站、独立报盘机和独立交易单元，以较低成本的方式为客户快速提供低时延交易通道，满足客户的低时延交易需求。

5G在保险行业的应用则更为广泛。保险行业是与人们生活、生产以及各个产业高度融合的行业。5G则因为其对物联网设备的革命性支持，为保险行业在保险定价、远程核保和智能定损等多个场景带来创新应用。某互联网公司认为，5G带来的实时、精准的大量数据，以及更多的数据维度和更深刻的数据画像，将有可能帮助保险公司在车险、健康险等方面带来更好的客户服务模式和风险防控措施，挖掘更多的保险需求和回应线索，推动保险普惠下沉，提升保险的附加价值。

5G作为新一代移动通信技术，覆盖人类活动的公共区域，是主流的广域网技术。在室内和局域网区域，Wi-Fi技术成为无线网络的必要补充。2019年，Wi-Fi联盟宣布启动Wi-Fi6认证，正式将新的Wi-Fi技术推向市场。Wi-Fi6技术具有速度更快、时延更低、容量更大、安全性更高的特点。重要的是，Wi-Fi6的成本更低廉。Wi-Fi6技术与5G是相辅相成的。如果5G是高速公路，Wi-Fi6技术就像小区内部道路。在企业和家庭内部等局域空间使用Wi-Fi6，不仅可以增强内部私密性，而且能节约宝贵的5G频谱通道资源。

在移动互联网技术领域，除5G、Wi-Fi6技术这样的网络层的基础通信技术以外，移动操作系统、移动互联网应用开发平台方面也有许多值得关注的技术。

例如，在移动操作系统领域，2019年华为公司推出鸿蒙系统。华为公司称鸿蒙系统基于分布式软总线等技术开发，能够让智能手机、iPad、可穿戴设备，以及智能家居设备、智能车载设备等终端设备基于同一个虚拟设备层面运行，从而实现移动互联网平台的统一化。

鸿蒙系统自发布以来，发展十分迅速。鸿蒙系统在可能实现对苹果iOS、安卓系统的国产化替代的同时，还有望成为下一代移动操作系统。金融企业对鸿蒙系统的卡片直达、原子化程序编排等创新特性非常青睐，纷纷推出基于鸿蒙系统的应用。

（二）万物互联与物联网技术

数字技术的不断发展，将互联网从第一代的PC互联网推向第二代的移动互联网。而5G和Wi-Fi6技术则可能将互联网带往第三代的万物互联网。在万物互联时代，将不再只是计算机与计算机的连接、人与人的连接，而是人与物、物与物的连接。每一台智能设备都将拥有独立的身份ID、计算芯片、存储器、传感器。每一台智能设备都会产生数据、联入网络、在线互动。万物互联网极大地扩展了数字连接的范围。这个扩展是革命性的。革命性不仅体现在连接范围的革命性改变，而且体现在数据和智能的革命性改变。

物联网技术是连接智能设备的技术。业界对该技术已展开多年研究，并发展出较为成熟的技术标准和框架模型。一个典型的物联网框架将物与物之间的连接分为三层——感知层、网络层、应用层。在感知层，智能设备感知外界环境，采集环境数据，涉及RFID标签和读写器、摄像头、GPS、传感器、M2M终端、传感器网关等。感知层是物联网的核心层。由于人类环境的多种多样，与感知层相关的技术也在飞速创新和扩展，从而使得智能设备不断扩大数据采集的范围。随着智能设备的感知能力不断增强，相关的数据量也成指数增长。

感知层数据量的增长，给整个万物互联网带来巨大的计算需求。由于云端算力和网络传输的局限，人们尝试在物联网的边缘端就开始进行计算处理，力求合理调配整个体系的计算资源，这种模式称为“边缘计算”。边缘计算使得智能设备之间的连接更加直接，万物互联网的处理效率大大加强，从而使得终端设备更加敏捷、更加智能。

边缘计算将部分计算过程放在边缘侧，这带来了许多技术上的挑战。例如，边缘侧的小样本数据的问题。边缘侧产生的数据量有限，使得模型训练和计算可参考的样本数据比较少，模型的实际效果可能会受到很大影响。同时，边缘侧的资源也比较有限，算力、存储以及供电、场地等方面都存在局限，使得边缘侧的运算效果往往并不理想。在实践中，由于边缘侧的系统与云端往往是异构的技术体系，每个边缘端又各自独立，因此边缘计算有可能带来新的数据孤岛问题。这些问题不得不引起重视。“云边协同”是万物互联时代一个值得关注的问题。

不断涌现的基础数字科技和技术如5G、Wi-Fi6、物联网、边缘计算、云边协同等为万物互联打下了坚实的基础。智能手机等移动终端的算力增强，为构建一个强大的智能终端设备，形成以智能手机或智能移动手持设备（如iPad）为核心的数字装备体系提供了可能。数字装备体系创建了更广泛的以人和物为中心的新连接。

（三）新连接，连接什么

尤瓦尔·诺亚·赫拉利在《人类简史》一书中指出，人类文明发展的最重要的一点是能够形成“共识”，这种共识很多的时候是一种想象。[①] 而达成这种想象的共识，依赖的就是人与人之间的连接，其中最重要的就是信息的连接。在古代社会，这种信息的连接通过书信、马匹、信鸽、邮差来实现，效率低下且安全性难以保障。进入现代社会，特别是进入信息社会以来，信息连接的速度大大加快，连接效率大大加强。

在信息社会，特别是在移动互联网时代，人与人之间的连接方式变得多种多样，手机通话、即时消息、电子邮件等大大加速了人与人之间的信息连接。信息连接的内容也得到极大丰富，文本、图像、声音、视频等形式可以传递更多的内容。在万物互联时代，连接扩大到人与物、物与物之后，连接方式和连接内容进一步多样化，连接场景更加接近甚至超越现实世界。这种多样化带来了连接本质的变革，即由信息的传递升级为服务的传递。

在信息时代，人与人建立连接之后，只能将信息传递给对方（当然这已经是很伟大的事情了），双方之间并不能形成物理上的直接互动。但是在双方加入智能设备——具备特定功能的智能设备后，可以为这种连接增加许多新功能，使得构建新的数字服务化场景成为可能。例如，智能汽车能够解决交易场所的安全问题，使得对交易安全要求更高的金融服务得以进行。

对金融行业来说，新连接的重要意义还在于通过拓宽与人、物的连接来构建创新的金融场景。金融与物的连接可能带来新的供应链金融服务模式。在

---

① 尤瓦尔·诺亚·赫拉利.人类简史:从动物到上帝[M].北京:中信出版社,2017.

传统的供应链金融服务模式下，货物只有种类加数量等极少的属性数据，银行难以监控动产质押，这就导致在实际供应链融资活动中，银行多以核心企业的信用支持为主，而中小企业往往很难得到融资支持。在万物互联时代，物联网技术使得货物的识别和定位更加精细化和实时化。银行可以对供应链和营销链进行全程数字跟踪，有效地连接供应链各方，从而将原来无法覆盖到的中小企业更多地纳入新供应链信用体系，让金融普惠服务更多的中小企业，助力产业成长。

在面向普通个人客户的营销领域，金融与人的连接路径更加广泛。车联网、地铁联网、智能购物设备等的发展，使得金融企业有可能发展车上金融、新消费金融等新的场景，拓展更多的获客渠道和更广泛的服务模式。

此外，万物互联技术的发展，还使得金融与人之间的连接更加深入。例如，可穿戴设备能够采集人的更多健康信息，智能汽车能够收集驾驶员更多的驾驶行为习惯。这些多维度的数据能够让金融企业对客户进行精准画像，使得健康保险、汽车保险的服务更加精准，为金融企业和客户双方提供更恰当的服务并带来更多的收益。

二、数字化新体验

数字时代的经济是强调用户体验的经济，而万物互联技术增强了这一点。具体原因是：一方面，随着互联网经济、数字自媒体的高速发展，通过数字网络商品和服务的信息可以快速传播到人类社会的每一个角落；另一方面，用户可以通过互联网、电商平台等直接看到商品和服务的样式甚至直接感知到。购买之前的体验成为数字时代的商业习惯。体验良好才能获得竞争的成功，这是数字时代的共识。

（一）极简化用户体验

用户的数字体验呈现出两个方面的特性。

第一，功能极大丰富。人们可以利用数字科技做许多之前从未想过的事情。数字生态的商家开发出层出不穷的数字功能，提供丰富的数字服务和数字产品，以供用户挑选。其实数字功能的丰富程度远远超出用户的需要。

第二，操作更加简便。例如，拥有海量商品的电商平台建立了多种多样的商品频道，以激发用户的体验兴趣。另外，各种提供“严选”“精选”服务的挑选助手会帮助用户快速找到心仪的商品,并承担精挑细选的职责,使得用户在购物时更加省心、省力。

在充分竞争的市场经济环境下,如何让用户更便捷、更顺畅、更省心地获得服务,成为商业机构的核心竞争力之一。

同样,给用户带来更好的体验是数字技术的发展方向之一。

数字科技进化迅速,从 PC 互联网时代到移动互联网时代,再到万物互联时代,技术的进步始终以“人”为中心。万物互联技术的发展,使得围绕人的智能装备越来越丰富,越来越精巧,甚至可以直接穿戴在身上,或者融入人们的衣物和饰品中。这就是所谓的“可穿戴设备”。这些可穿戴设备给使用者带来许多额外的体验,具体如下。

①智能手表、智能手环都是常见的可穿戴设备。除接收智能手机的扩展消息这一场景以外,还有一些即时的应用场景,例如,利用抬腕即可见的便捷特性,小屏直接呈现关键信息。此外,许多智能手表和智能手环还具有心率、血压、步行频率等健康检测功能,可以随时监控佩戴者的生理数据和运动数据。

②穿戴于头部的智能耳机、智能眼镜、智能头盔等。智能耳机在播放音乐的同时,还能够与用户进行语音交互。在日常生活中智能眼镜和智能头盔的应用并不普遍,但是在许多特殊场景能够发挥作用。例如,在工厂的质检、维修、设计等工作中,智能眼镜往往能够提供很大的帮助。同时智能眼镜也是远程协同的利器。智能头盔则是快递小哥的得力装备,可以在驾驶过程中起到保护、导航以及语音指引以及交互的作用。

③智能靴子、智能服饰等提供一些特别的功能,如运动检测等。除了这些较通用、面向普通生活场景的智能可穿戴设备以外,还有一些专业场景的可穿戴设备,例如血糖检测仪、血压检测仪等健康可穿戴设备,以及能够帮助视力障碍者导航与感知的智能手杖等。

由于可穿戴设备能够提供更丰富的扩展体验,因此许多金融企业开发出基于可穿戴设备的场景式服务。例如,通过智能手表上展现的实时股市行情,佩戴者能够及时获得最新的、最简要的且关键的市场信息。再如可穿戴的健康设备可以为保险公司提供实时的健康保险数据。

在增强用户体验的相关科技中,扩展现实(extended reality,XR)技术是未来一个重要的发展方向。扩展现实技术包括虚拟现实(virtual reality,VR)、增强现实(augmented reality,AR)、混合现实(mixed reality,MR)等技术。

虚拟现实利用计算机硬件实现虚拟世界的三维场景,让佩戴者沉浸其中,体验到与现实世界相近似的视觉、听觉、触觉等交互体验。随着近几年VR技术逐渐得到用户认可,许多公司开发出VR影片、VR游戏等,让用户获得与传统影片和游戏不一样的沉浸式体验。

增强现实则在现实世界的基础上叠加虚拟的三维物体,将虚拟世界嵌入现实世界,并形成虚拟与现实的互动,达到对现实世界增强的效果。增强现实能够将虚拟世界与现实世界集成、连接,具有更广泛的应用场景,如军事、医疗、建筑、教育、工程、影视、娱乐等领域。

混合现实则是虚拟现实和增强现实的进一步发展。混合现实不仅将虚拟世界和现实世界叠加,而且衍生出更多的数字信息。这些数字信息是虚拟与现实的融合,是现实世界感触不到的虚拟形态,也是虚拟世界观测不到的现实数据。混合现实提供了一个更加混沌的世界,将虚拟世界和现实世界深度融合。

扩展现实技术在金融行业也有许多应用场景。例如,许多银行建立了虚拟营业厅,应用VR技术让客户远程感知金融营业厅的各种现场式服务。在线下营业厅中,通过AR技术,可以让用户实实在在地看到金融产品的"形态",从而增强用户对金融的感知。

用户体验技术的另一个方向是游戏化。游戏满足了人类爱玩、好奇、探险、及时得到奖励的天性。将一个专业化、枯燥的商业服务过程游戏化是改善用户体验的方式之一。游戏化就是将游戏的思维和机制运用到相关产品和服务设计中,以引导用户的行为和互动,促进用户参与和分享。金融类游戏是一个大的品类,例如,著名的冒险游戏《大富翁》就曾经拥有广大的拥趸,以至于很多金融企业会模仿《大富翁》游戏来开展投资者教育活动。某些金融企业设计了类似武侠游戏的教育场景,将学习投资技巧模拟为武侠世界的练功升级,从而引发用户的学习兴趣。通过这种方式,金融企业不仅获得了用户对投资者教育的认可,而且额外收获了许多新的金融客户。

有的金融企业在风险测评中引入游戏化设计,通过游戏式的"关卡"和"奖励",增加测评者的兴趣。有的企业在金融营销过程中设计了许多简单且有趣的"关注任务"和"打卡任务",让用户转化为客户,或促进用户的活跃程度,达到"获客"和"活客"的目的。游戏的设计过程是一个始终围绕着用户体验的协同过程。许多金融企业也将游戏化的设计理念引入产品和系统的研发过程中，使得金融产品和金融服务不再枯燥无趣。这些措施极大地提升了金融产品对客户的吸引力。

元宇宙是近年来备受关注的概念，它是在最新的信息通信技术(5G、物联网)、扩展现实技术(VR、AR、MR)、游戏化技术、人工智能技术等一系列数字技术的基础之上，构建出的全新数字世界。这个数字的虚拟世界与现实世界相连接、相融合、进行互动，为人类打开了一扇新世界的大门。

元宇宙(Metaverse)一词源于美国科幻小说家尼尔·斯蒂芬森在1992年发表的小说《雪崩》(*Snow Crash*)。这本书描述了一个平行于现实世界的虚拟世界——Metaverse。所有现实世界的人在元宇宙中都有一个网络分身。人们利用这个网络分身在虚拟世界中生活、玩乐、交往，甚至学习、工作等，这一切与现实世界并无二异，但又拥有虚拟世界的非凡特性。

2018年著名导演史蒂文·斯皮尔伯格的作品《头号玩家》描述了元宇宙的场景。在这个名为“绿洲”的元宇宙中，人们赛车、冒险、挑战谜题，获得前所未有的感官刺激和征服体验。①

也许在未来，每一家现实世界的金融企业都会在元宇宙中开设一家虚拟的“元宇宙分公司”，甚至可能会出现元宇宙原生的金融企业。这类企业发展到一定程度后可能会开设现实世界中的金融分公司，为现实世界的人类代理虚拟世界的金融业务。

元宇宙的金融系统和金融规则将会是什么样的？现在我们还难以想象，但一定会是数字化的、分布式的、可信任的，金融企业也许从现在开始就应该对元宇宙的金融体系进行研究，以便在未来世界取得先机。

(二)金融“新体验”

回到现实世界中，金融企业的商业竞争力主要体现在为用户创造和带来更好、更有温度的“新体验”。业界人士将这种金融“新体验”总结为以下几点。

①产品人性化：无论是面向个人客户还是对公客户，金融产品都应该更便于人们使用，是更具人性化的产品。

②服务体验化：金融服务应该更多考虑被服务对象的感受，增强使用者的

---

① 陈璟怡.《头号玩家》[J].中学生英语，2018(11):1.

体验，减少重复操作或机械操作，使得整个体验更简便、更顺畅。

③连接温度化：不仅要考虑连接到客户，还要确保连接更加有质量，更加有温度，这样才能真正提升客户的使用体验。

④设计游戏化：采用游戏化的思维来设计金融服务。这一思维的本质是与客户的同理心。

⑤数据资产化：将金融全过程数字化，然后将数据服务化、资产化，最大化地发挥数据的价值。

⑥业务场景化：未来金融业务的设计和创新都是以场景为基础的，金融科技只有融入业务场景，才能更好地提升用户体验。

这种金融“新体验”促进了客户与金融企业的双向感知，可以帮助金融企业更加深入和透彻地了解客户的个人习惯和偏好，也让客户感知到金融企业更优质的金融服务和金融产品。

三、金融数字装备

现代金融企业最重要的工作之一是连接，包括与客户、员工、伙伴、市场的连接等。这些连接依赖强大的工具和平台。我们将连接的工具集合称为“金融数字装备”。

（一）金融数字装备的特性要求

金融数字装备是由金融企业打造并赋能给客户、员工、伙伴的连接工具集合，那么它应该拥有什么样的特性要求呢？

金融数字装备首先应该是一体化的融合装备平台。近年来，许多银行着力打造超级 App 银行的用户，特别是零售客户，可以通过超级 App 办理大部分业务。

招商银行在 2020 年年报中提到，从银行卡转型到 App 的过程重新定义了银行的终端设备。银行卡只是一个单一化的产品，而 App 则是一个一体化的生态平台。招商银行已经将几乎所有的零售客户转化成 App 用户。

2020 年 11 月，中国工商银行推出“全智能手机银行”新版本，宣称将“财富、智能、连接、感知、共生”的理念融合一体化，致力于打造专业级的线上金融综合服务平台。几乎所有的零售银行已经深刻地认识到超级 App 生态的作用，并开始围绕超级 App 延伸出许多扩展的装备。如可穿戴设备上的 App 应用，健康设备上的App应用等，借此打造以超级App为核心的一体化融合装备平台。

金融数字装备应该具备场景化的多种感知能力。现代金融行业强调场景化的金融业务，希望将金融服务融入人们的生活和生产中，而金融数字装备在金融场景中发挥了关键的业务承载设备的作用。客户、员工、伙伴通过金融数字装备的连接直接开展金融业务。金融数字装备除作为金融业务的终端平台以外，还能够感知场景中的各种扩展数据，并在合规合法的前提下采集数据。

金融数字装备应该具有极致便捷的极简体验。金融业务和金融系统都是非常专业且复杂的，在合规、风险、适当性管控方面有一系列的要求。这对金融企业的装备设计者提出了很大的挑战。由于许多金融企业的客户服务界面异常复杂，操作难度大，再加上数字社会的复杂生态化，这都导致客户的金融服务体验不佳。一些领先的银行已经意识到生态丰富之后的便捷化体验，开始走上功能精简、体验极致的进化之路。极致便捷的极简体验正是下一代金融数字装备的重要特性。

（二）金融数字装备架构及部件说明

金融企业首先应该围绕客户设计金融数字装备，以客户为中心提供金融服务，通过金融数字装备为客户赋能。一般来说，金融企业的金融数字装备的设计思路是以超级App为核心，并基于这个核心进行延伸，研发带有金融属性的可穿戴设备、智能车载设备、智能家居设备等。这些终端设备能够实现统一的身份认证与核实，并在终端设备之间无缝协同和快速流转金融信息。金融服务能够以最合适的展现形式呈现在最合适的装备上面，带给客户最佳的使用体验。

金融企业还应该围绕员工设计金融数字装备，为员工提供高效的展业装备，让企业的知识、经验、信息能够快速地传输到员工的金融数字装备，赋能员工随时随地与客户或伙伴进行信息、电话、视频交流。必要时金融数字装备还可以智能地召集合适的员工或伙伴投入特定场景中，并自动进行数字留痕与合规记录。

金融企业还应为伙伴提供必要的金融数字装备，或通过开放金融平台连接伙伴的系统。这些伙伴包括商户、供应商、合作商等。对平台型金融企业来说，伙伴是金融生态中必不可少的一员，为伙伴提供优质的金融数字装备，有助于金融生态的统一化和标准化。对专业型金融企业来说，也需要保持与伙伴的数字化连接，以提升整个业务链的效率。

金融企业通过金融数字装备与客户、员工、伙伴形成有效连接，就能够构建丰富多样的金融场景。当然，并不是所有金融场景都需要这三者共同参与。时至今日，客户通过金融数字装备与金融企业的系统后台进行对接即可完成大多数金融服务，如消费支付、小额贷款等。只有在复杂的场景中才需要员工或者伙伴参与，例如投资顾问服务等。在另外一些场景中，只需要员工通过金融数字装备即可展业，例如对金融市场的分析、研究、报告等。

总体来看，为了加速金融数字装备之间的连接、协同，金融企业需要构建边缘云，从而对三大类金融数字装备形成统一的、直接的、有力的支撑。在边缘云中，通信和计算得以迅速完成，以避免金融数字装备与数字底座、数字大脑以及普通业务系统频繁通信，较好地提升效率。

边缘云也应具备一定的人工智能能力。可以考虑将训练好的模型部署至边缘云，或者在边缘端展开轻量级的训练，以提升人工智能的整体效率。此外，边缘云还应该具备对异常行为的防护能力，能够拦截装备层及外部接入层传入的有害行为、攻击行为或确认无效的行为，避免冲击和伤害内部系统，以增强金融系统的总体韧性。

(三)金融数字装备的意义

对金融企业的数字系统来说，强大的金融数字装备具有非同寻常的意义。

金融数字装备使得连接有了场景内的汇聚点。金融数字装备如同探针，可以深入金融场景内部。金融数字装备不仅是金融业务的执行载体，而且是数据的收集器和释放者。金融数字装备的设计者应该充分利用金融数字装备，在合法合规且不侵犯客户隐私的前提下尽可能地收集有用的数据和信息。

金融数字装备是用户的体验平台。用户体验质量往往直接决定了金融业务能否顺利开展。由于金融数字装备的体验设计涉及美学、心理学、金融行为学和金融业务等多方面知识，只有具备复合能力的人才方能胜任设计工作。未来金融数字装备体验设计师将会是一个正式的职业。

良好的金融数字装备的出现，体现出科技对业务发展的促进意义。金融数字装备是先进数字科技的集合体。由于能够带来直接的体验优势和效率优势，先进金融数字装备往往会给金融企业带来直接的市场竞争优势，因此金融企业愿意花费大量的投入以提升金融数字装备的优越性。这些投入扩大了数字科技的应用面,促进了数字科技的探索性发展。

第三节　新动能:数字大脑

一、数字化新动能

金融科技的建设过程是一个金融企业从信息化走向数字化和智能化的过程,其核心是将金融科技作为新的发展动能。数字化和智能化的本质是使得金融企业在应对外界的市场变化和需求变化时能够更敏捷、更准确。在应对过程中企业需要积累数据,并进行分析,得出结论。当这个过程变得自动化、智能化,在金融企业内部就会形成一个类似人类大脑一样的中枢系统,以指挥、决策企业的业务和经营行为。这一中枢系统或可称为"金融数字大脑"。目前各行各业都已经开始构建类似的"数字大脑",例如城市大脑、工业大脑、交通大脑等。

在详细介绍"金融数字大脑"之前,先来看一看其他行业的数字大脑是如何为行业的发展注入新动力的。

(一)城市大脑

城市是一个复杂系统。让城市这个系统更加高效、绿色运转,给城市居民更加便捷舒适的生活,是城市管理者的首要任务。

随着数字科技的飞速发展和新基建的兴起,智慧城市的建设成为近年来的热点,其中城市大脑作为决策、管理、指挥的核心枢纽,成为智慧城市建设的关键系统。

从功能上来看,城市大脑是城市的综合指挥系统,能够对公共卫生防疫、突发安全事件、城市交通管理、生态环境治理、社会综合治理、地方经济布局、便民政务服务等多个方面提供综合化的决策、控制和服务支撑,从而提升整个城市的治理水平。

杭州是最早开展"城市大脑"建设的城市之一。早在2016年,杭州就开始建设"城市大脑"1.0版。经过多年的持续建设,杭州"城市大脑"已发展到3.0版。杭州"城市大脑"的建设架构是在数据层面将政府的各个层级(如市、区以及各部门)打通,在功能层面实现政府与市场之间的互联互通,在场景层面实现城市职能的统一互通。杭州“城市大脑”通过全面打通各类数据，接入各类业务系统，实施融合计算，形成了一个统筹指挥、协同联动的综合指挥决策中枢系统。

这个系统从支撑城市交通治堵向治城演进，逐步发展出一系列便民服务，为城市治理赋予强大动力。2019 年，杭州“城市大脑”发布了舒心就医、欢快旅游、便捷泊车、街区治理等便民服务内容。2020 年 2 月，杭州“城市大脑”发布“杭州健康码”，对杭州的疫情防控起到了积极的作用。

虽然各地的城市大脑建社模式各有不同，而且发展出许多技术和应用方面的创新点，但就总体而言，数据打通、全景呈现是城市大脑的两个基本共同特征。由于城市是多个系统、多种职能、多个生态的复杂聚合体，数据散落在各个系统和生态中，分散的数据无法统一进行治理。只有在打通各种数据的基础上，汇集和联动数据，全景式呈现，才能形成统一的指挥和决策，为城市的管理和服务打下基础，进而发展出各种各样的城市治理和便民服务的应用生态。

（二）工业大脑

工业大脑一般是指应用于大型工业特别是高端制造业的核心智能平台。智能制造是许多工业化国家的核心战略。例如，德国提出的“工业 4.0 战略”，将智能工厂、智能生产、智能物流作为国家发展战略之一。智能化在工业领域有广泛且长期的应用基础，许多人工智能技术、机器人技术都是在工业领域首先应用并发展起来的。

工业的基本单元是工厂。工厂是高度精密、高度技术化、质量管控和流程严格的系统。现代化的工厂和机器产生了大量的工业数据，而工业数据对实时性、标准化、复杂度方面有非常高的要求。工业大脑需要实时处理这些数据、形成决策，以判断工厂的生产效率、生产质量、生产安全，从而保障工厂的高速和高效运行。

工业是高度专业化分工的，而每个行业都有非常精深的专业领域知识。工业大脑只有在本领域积累非常深厚的知识才能有效运行，在工业设计方面更是如此。

工业大脑使得许多传统制造业企业成功实现数字化转型。在 2021 年“数字中国”大会上，中国宝武马钢集团展现了钢铁行业的工业大脑建设成果——“马钢大脑”。“马钢大脑”以“1 个智慧中枢（运营管控中心）和 4 个智控中心（炼铁、炼钢、热轧、冷轧)”为核心，将整个钢铁企业的生产管控实现一体化操控和智能化决策。“马钢大脑”不仅实现了对整个生产流程的高质量控制，而且将原料消耗、能源使用、环保排放控制在最佳水平，提升了企业的生产效能和绿色水平。

与城市系统相比，工业系统的标准化程度和专业复杂度更高，对生产的安全性和质量的要求更为严苛。许多工业制造过程存在风险极大、成本极高的情形，对失败“零容忍”，例如航空制造业等。为了降低生产过程中的失败率，“数字孪生”技术应运而生——在计算机的“数字空间”内 1∶1 建立物理工厂的数字孪生体。这个数字孪生体在数字空间内模拟运行。设计师通过对模拟运行数据的观测，修复存在的问题，改进设计方案，从而降低实际的制造成本。

(三)交通大脑

交通大脑是另外一个具有典型特点的智能应用系统。交通大脑也可以称为城市大脑的一个“子系统”，是针对城市交通管理的智能应用体系。交通大脑运用传感器、5G、大数据、人工智能和云计算等技术，建立对地面交通管理的统一、实时的综合管理控制系统，从而实现交通管理的动态化、全局化、自动化和智能化。一般来说，交通大脑包括如下功能。

1. 交通集成管控

通过对实时交通数据的分析，快速发现交通拥堵点，自动制定疏导方案，并通过智能信号灯系统实施疏导方案，实现总体管控。

2. 交通诱导系统

通过主动发光的空中诱导提示牌，提前指引驾驶者通过可变车道的方式对行驶车流进行引导性调度，实现车流均衡调度。通过多色彩的马路标识线、语音提示等方式来引导和保障行人、非机动车的通行路权和交通安全。交通诱导系统还会将交通拥堵数据精准地发布给附近的驾驶者，提醒驾驶者及时避开拥堵地段，达到提前疏导的目的。

3. 电子警察系统

通过高清摄像头、鸣笛检测设备等及时发现闯红灯、违章停车、违章鸣笛等交通违法违规行为，从而改善城市道路交通环境，提升公众出行安全系数。发现交通险情时，电子警察系统会第一时间收集事故定位信息，并将现场数据实时反馈给附近执勤的交通警察。

交通大脑是一个非常典型的感知＋中枢的智能系统。从系统的实现架构来看，一般将整个体系划分为感知层和中枢层。

感知层运用各种传感器技术，例如，视频检测、微波检测、声音检测、GPS、地磁等，实时检测和收集各种交通数据，通过5G等高速通信技术将数据实时汇集到中枢层的大数据平台上。

中枢层对数据进行实时分析和处理，形成指挥调度指令，然后发回给感知层的各种信号处理系统，以便通过信号灯、语音播报、声光提示等方式将信号反馈给驾驶者或行人，从而实现整个交通指挥的智能运行。

交通大脑的整个运行过程与人脑和神经系统的感知、决策、信号传递的闭环过程极为相似。交通大脑通过对城市交通数据的不断积累、深度分析，有可能发现交通运行的规律，提前做出应对，真正发挥“数字大脑”的智能预测作用。

从城市大脑、工业大脑、交通大脑这三个数字大脑的实践来看，数字大脑的主要作用是通过对各类数据进行汇集和积累，运用机器学习、人工智能等技术对这些海量的数据进行实时、多维度分析，快速形成决策，提升城市治理、工业设计和生产、交通治理的水平，为城市发展、工业制造、交通管控形成新的动能。

二、金融业务——需要思考的业务

金融业一直以来就是一个数据密集型的行业。很多金融业务需要基于对大量数据的分析和洞察才能开展。因此，人们将金融业务看作一种“分析型”和“思考型”的业务。这种分析和思考体现在很多方面，例如，对风险的分析和思考、对市场的分析和思考、对运营的分析和思考等。人们在这些分析工作中大量运用大数据和人工智能等技术，取得了良好的效果。

（一）金融风险分析

风险管理能力是金融企业的核心能力。对风险的分析和计量也是金融企业的核心工作之一。

风险与每一类金融业务都密切相关。例如，从风险分类来看，有信用风险、市场风险、操作风险、声誉风险等，每一类风险都有不同的管理模式。风险还贯穿在金融业务的每一个流程的每一个环节中。例如，投资风险可以分为投前风险管理、投中风险管理、投后风险管理，每一个风险管理环节都有不同的管控要点。

风险管理依赖于大量的数据。例如，对反欺诈风险来说，首先需要对大量的金融客户交易数据和行为数据进行分析，找出其中的异常行为和可疑行为，运用数学方法进行建模，得到关键的反欺诈规则，然后运用这些规则模型对现实中正在发生的金融交易进行实时检验。当发现欺诈概率超过预警线时，立刻发出警戒信号，并阻断交易进行，从而达到控制欺诈风险的目的。金融企业还会持续地训练并修正这些规则模型，以便更加精准地识别反欺诈行为。风险模型是金融企业的核心商业秘密，一旦发生泄露，不仅会给金融企业带来损失，而且会给金融市场带来扰动。金融企业在风险管理的过程中也会运用深度学习和人工智能等技术。例如，金融企业运用人工智能技术在上市企业的财务造假预测方面取得了良好成效。据报道，广发证券与华为公司在2021年开展了一项对上市企业的财务造假动机和财务造假行为的预测研究课题。研究人员通过输入大量上市公司财务数据和相关资讯数据，运用神经网络模型进行训练，能够识别超过90％的财务造假行为和异常行为，并对财务造假线索进行归类，从而让上市企业的财务造假无所遁形。

另外，许多金融企业应用知识图谱、隐私计算等多种数字科技来提升风险管理能力。例如，近年来保险欺诈多呈现团伙化的特征。由于多个犯罪嫌疑人参与其中，保险公司通过传统方法很难识别团伙欺诈行为。据报道，泰康保险通过隐私计算技术引入多方数据，挖掘多维度、多领域、深层次的潜在风险因子，并通过知识图谱和图计算技术，对投被保关系、邮箱、IP等10类强关系和出险地点、报案地点、就诊医院等12类弱关系，计算保险实体之间的关联关系，构建投保人、被保人、保单和案件的关系网络图谱，从而更加充分和精准地挖掘与识别保险欺诈团伙。

金融风险涉及金融企业的业务和管理的方方面面。许多金融企业开始构建“全面风险管理系统”，通过对各种类、各层面、各环节的风险进行分析、计量、加总，得到金融企业的总体风险评估。全面风险管理建立在金融企业的全面数字化的基础上，而且要求金融企业具备对数据的全面汇集和分析计算能力。金融企业通过数据中枢型平台进行计算，并将风险计算结果实时反馈给业务应用系统或经营决策系统，以及时采取应对措施。

（二）金融市场分析

金融业务的思考性还体现在对金融市场的分析上。根据不同的层次可以将金融市场分析分为宏观分析、中观分析和微观分析。宏观分析一般是指对国家政策、产业政策和金融市场大势等的研究和分析；中观分析一般是指对行业政策及发展趋势、地区发展趋势等的研究和分析；微观分析则是对具体的股票、债券、企业、项目等的研究和分析。

金融市场分析对金融业务的开展具有主导作用，而研究分析本身也是金融业务之一。根据金融市场分析构建量化策略是较为典型的应用场景之一。例如基于宏观分析，金融企业可以基于判别的某个金融市场、国际货币趋势构建宏观量化指数或者宏观策略基金。此外，货币基金公司也非常关注宏观分析的结果。中观分析侧重于对行业周期的分析与判断。许多基金公司根据中观分析的结果构建行业轮动的策略，捕捉行业热点，寻找投资机会。微观分析由于涉及具体的经济和投资的实体，因此会对金融市场中企业的竞争力表现、价值链行为等进行细致分析。微观分析广泛应用于量化策略方面。无论是择股策略还是择时策略，微观分析形成的因子都是最主要的策略因子。

金融市场分析的数据来源是多种多样的，主要包括宏观经济数据、行业经济数据、金融市场行情、金融资讯、企业财报等。金融分析师基于各种金融数据的分析而形成的研究报告也是重要的数据来源之一。

随着数字时代的来临，以及金融分析的广度不断扩大，各种新兴的数据源不断被发掘出来。金融分析师将这些有别于传统金融数据的数据称为“另类数据”。例如，个人活动中产生的各种社交数据、新闻评论数据等，商业活动中产生的电子商务平台交易数据、物流数据等。另外还有各种遥感监测数据，如卫星图片数据、无人机数据、地理定位数据等。

另类数据在金融投资中得到越来越多的应用，美国的卫星数据分析公司 Orbital Insight 就为金融分析机构提供了多种多样的卫星监测数据。例如，通过区分储油罐的油盖在阳光下的阴影图像，分析出原油储量的变化趋势，从而提前判断原油期货走势。再如通过对大型超市停车场的卫星图片的分析，根据停车数量的变化来预测超市在每个季度的销售情况。由于卫星数据具有客观性强、覆盖面广的特点，因此得到许多金融分析师的青睐，其在金融市场分析的应用面也越来越广。

分析金融市场数据的方法也在不断发展。在传统经济学分析方法如计量经济分析、统计回归分析的基础上，人们设计出新的数据分析方法。近年来，机器学习、深度学习和人工智能等技术在金融市场分析中得到广泛的研究和应用。许多基金公司开始构建基于人工智能的量化策略，国内外都不乏案例。

2017 年 10 月，纽约证券交易所上市了一只声称完全用人工智能进行选股的基金 AI Powered Equity ETF（AIEQ）。截至 2021 年 6 月，该基金的净值高达 41.45 美元，业绩好于许多对冲基金。

2020 年 5 月，宁波的一家私募基金幻方量化宣布启用超级计算机用作量化投资。据称幻方量化自建的“萤火一号”超级计算机占地面积超过一个篮球场，算力高达 1.84 亿亿次浮点运算，相当于 4 万台个人计算机算力。

2021 年 1 月，幻方量化宣布已建设“萤火二号”超级计算机。该超级计算机的算力是“萤火一号”的 10 倍。据介绍，幻方量化通过超级计算机构建了超大规模的神经网络以对金融市场的数据进行分析。

金融市场分析是许多中大型金融企业的重要业务之一。金融市场分析体现了金融企业对经济发展、市场变化、竞争形态的预知能力，是“金融数字大脑”的重要组成部分。

（三）金融业务运营分析

由于金融业务中涉及实体资产的业务相对较少，因此业务运营主要侧重于客户运营、财务运营、业务流程运营、科技运营等方面。

针对客户运营，金融企业依赖于对客户的数据分析。在数字时代，如何获客、稳客以及活客成为金融企业最重要的课题之一。许多金融企业借鉴互联网企业运营的方法，在用户分析的过程中使用 AARRR 模型来提升用户运营的效率。根据 AARRR 模型，可以将用户的生命周期划分为 Acquisition（获客）、Activation（活客）、Retention（存客）、Revenue（增加收入）、Refer（传播推荐）5 个阶段。这 5 个阶段就像一个漏斗，一层一层转化递进，通过数据分析对每个环节的转化率进行评估，找到短板，提升转化率。

财务分析是金融企业财务运营方面的重要内容。杜邦分析法是财务分析的基本方法之一。它是对企业的财务状况与经营成果进行综合系统评价的方法。杜邦分析法的基本公式如下：

权益净利率＝总资产周转率×销售净利率×权益乘数

其中，针对总资产周转率、销售净利率和权益乘数这三个基本因子，可以逐层级展开，最终形成一个完整的企业财务指标体系。分析每个指标的优劣势、短板和提升空间，能够了解和掌握企业的财务状况。

对业务和管理流程进行分析，以提升流转效率，是业务流程运营中的重要内容。金融企业的业务流程分析主要涉及对资金流和信息流的分析。例如，针对资金流，通过数据分析的方法，找到资金流在部门之间流转的短板和局限，提升资金的流转效率和使用效率。针对信息流的分析也是如此。

除业务层面的运营分析以外，科技层面的运营也是金融企业内部分析的重要内容之一。科技运营分析主要包括 IT 项目的运作情况分析、数据中心的运行效率分析、网络和服务器的使用效率和安全性分析等。由于科技运营主要基于 IT 系统展开，具有良好的数字化基础，因此能够进行更精准、实时的分析。但是信息系统的日志数据规模往往比较大，对数据处理和分析的能力也提出了要求。

在金融企业的经营管理中，建立全面而准确的指标体系是实现数字化管理的重要措施。金融企业建立指标体系的过程中要重视如下几个方面。

①覆盖的全面性。指标体系能够覆盖到业务经营的各个方面，综合全面地反映出金融企业的经营状况。

②业务经营的相关性。指标体系的设定要与金融企业的发展导向和业务方向高度相关，只有这样，才能体现出对业务经营的指引。

③可度量性。指标体系应该是可度量、可比较的，这样才能运用数据工具进行分析。

④相对稳定性。指标体系应该是相对稳定的，这样才能持续地进行指引，并进行历史指标的趋势分析，助推金融企业长期发展。

在运营指标的分析过程中，许多金融企业运用机器学习和深度学习的方法对指标的发展状况进行预测性分析，得到对企业下一步经营管理状况的趋势判断，从而更好地指引金融企业的发展，并制定更有预见性的战略决策。

在指标体系的基础上，一些金融企业将内部管理事件化。通过将各类企业事件汇集并存储，金融企业在必要的时候可以对历史事件进行回放，还原历史场景，进行复盘式推演和分析，找到其中的问题和不足之处，并加以改进和优化。这是一个艰难而复杂的过程。但是一旦构建出这种事件回演模式，金融企业就有可能运用人工智能方法自动进行分析和推演，实现企业相关的管理过程和业务经营过程的自主式进化。通过这种模式，金融企业将变成一个生长型的数字化系统，从而实现真正的数字化转型。

金融风险分析、金融市场分析和金融业务运营分析是金融企业三个主要的分析方向。这些分析工作都基于大量的数据，同时需要强大的分析工具、高效的分析方法和充足的分析算力做支撑。这些要求都需要“金融数字大脑”提供支持。

三、金融数字大脑

金融行业的许多企业和先行者都在探索构建“金融数字大脑”，试图发挥以大数据和人工智能为主的数字科技在分析型业务中的积极作用。

早在 2017 年 5 月，百度公司就宣布推出“百度金融大脑”解决方案。据相关报道，百度金融大脑是依托百度公司拥有的数十亿级的搜索数据和上千亿的互联网行为数据，以百度强大的大数据能力和人工智能技术为核心，面向金融行业提供的智能营销、智能风控、智能客服、智能投顾、智能监管等一整套完整的能力体系建设的解决方案。百度公司与贵州省合作建设的“贵州金融大脑”是基于“互联网数据＋政府数据＋地方金融数据”的企业和个人综合金融服务平台。该平台打通了政府、企业、金融企业、互联网等之间的数据壁垒，可以为中小微企业提供智能融资撮合的金融服务。

2018 年 2 月，百度公司宣布和中国农业银行共同打造的中国农业银行“金融大脑”一期实验室正式投产。据称，中国农业银行“金融大脑”平台大范围集成人工智能技术，建成包括人脸识别、图像识别、光学字符识别等能力的“感知引擎”，具有听、说、读、写全方位生物感知能力。

除百度公司以外，360 金融也宣布推出“360 金融大脑”。2019 年 8 月，360 金融宣称，新升级的“360 金融大脑”运用 20 亿节点数据和 180 亿边数据构建出了庞大的社交网络图数据库，并在此基础上运用深度学习和强化学习等技术构建出强大的风控引擎。“360 金融大脑”实现了对风险的精准判断和实时管控。据报道，“360 金融大脑”在互联网借贷等产品上效果明显，可以很好地控制逾期率和坏账率。

2020 年 8 月，中国消费金融领域的领先者马上金融公司宣布建立“马上金融大脑”,从介绍的情况来看,马上金融公司基于金融云平台构建了数据中台、AI中台和业务中台,并在中台的基础上开发出一系列智能应用,如智能营销、智能风控、智能信贷全流程、智能客服、智能双录、智能贷后管理等。马上金融公司的科技负责人说:“AI能力就像人体的大脑,负责整个系统的决策,作用非常关键。”

(一)金融数字大脑的特性要求

智能是金融数字大脑的首要特征。那么,什么是智能呢?这个最基本概念的定义确实各自理解不同。本书比较倾向于杨学山在其著作《智能原理》中提出的定义:智能是主体适应、改变、选择环境的各种行为能力。这里主要考虑到智能一定是有主体的,没有非主体的智能。①

用这个定义来引申解释,就可以很好地总结出金融数字大脑应有的特征,以及它和金融智能平台、智能中台的区别。这个区别就是,金融数字大脑是有主体的。这个主体就是金融企业本身。

金融数字大脑是具有感知和反馈能力的。有人将这种感知和反馈能力总结为能听、能看、能读、会写、会说。“能听”是指能处理语音数据,将语音转化为文本,并识别其中的感情信息和隐藏信息。“能看”是指运用OCR等技术对图片、视频等图像类数据进行处理,识别其中的文字、数字、模式等。“能读”是指运用NLP等技术对文本数据进行处理,得出文本摘要,进行语义识别或转换。“会写”“会说”则是将数字反馈结果转为人类可理解的自然语言,并且用语音或者视频对模式进行回复。针对数字装备和业务系统传递过来的各种数据信息,金融数字大脑能够进行感知和反馈,从而形成数字流的完整闭环。

金融数字大脑是能够“思考”的。具体来说,这种思考就是能够分析、推理、回演。金融数字大脑是整个金融企业的分析引擎,应该具备企业内最强大、最核心的分析能力,支撑起金融风险分析、金融市场分析和金融业务运营分析。此外,金融数字大脑还应具备推理能力,能够对内外部各种事件进行推理,得到其中的逻辑,并且做出预见或者决策。回演能力与推理能力相对应,在将数据主体化和事件化的基础上,对已发生的事件进行场景式回演,找寻其中的问题

① 杨学山.杨学山畅论智能原理[J].中国工业和信息化,2018(2):8.

点或机会点，从而不断进化和提升。

金融数字大脑能够对企业的知识进行识别、总结、提炼和积累。这些知识包括金融企业内部的各种专业知识、业务规则、管理策略、金融模型、算法策略等。金融数字大脑能够对企业知识进行识别，发现“好的”知识，剔除无用或无效的知识。金融数字大脑还能够对知识进行自动分类、归集，形成知识树或知识图谱。基于知识树和知识图谱，金融企业可以建立知识体系。这个知识体系能够参与金融数字大脑的“思考”过程，并在这个过程中不断得到训练和提升，最终成为可生长的企业知识资产。

金融数字大脑还应该包含灵活、可视的智能组件的组装工厂。这个组装工厂是金融企业的管理者、生产者、运营者、协同者的工作平台，其中包括数据挖掘工具、AI 建模工具、自助式的数据探索工具、金融数字大脑的可视化工具等。使用者能够通过组装工厂观察金融数字大脑的感知和反馈过程，探查思考过程，对企业知识资产进行查阅、编辑和修订，在生产和修正知识资产的同时，保障金融数字大脑处于正常运行和可控的状态。

正如人在自然环境中要对外部的危险保持警惕一样，金融数字大脑应该对风险管理予以特别关注。金融数字大脑应该具备对企业事件中的异常行为和风险行为的敏锐识别能力，对风险动机形成具有一定的预判，对各种涉及合规的行为能够进行嗅探。金融数字大脑应该是金融企业全面风险管理的核心引擎。

（二）金融数字大脑架构

在对金融分析业务进行总结和金融数字大脑特征进行描绘的基础上，我们可以尝试得出金融数字大脑的架构（见图 4-1）。金融数字大脑“生长”于数字底座之上。这里的“生长”有两方面的含义。一方面，数字底座提供了金融数字大脑运行所必要的技术条件，例如云资源、存储、计算、网络通信等。数字大脑依赖于这些技术资源展开分析和思考，接受外界的感知并进行反馈。另一方面，金融数字大脑对存储在数字底座上的数据进行加工、提炼，持续不断地形成知识、扩展知识、优化知识，促使知识不断生长，从而具有源源不断的生命力。

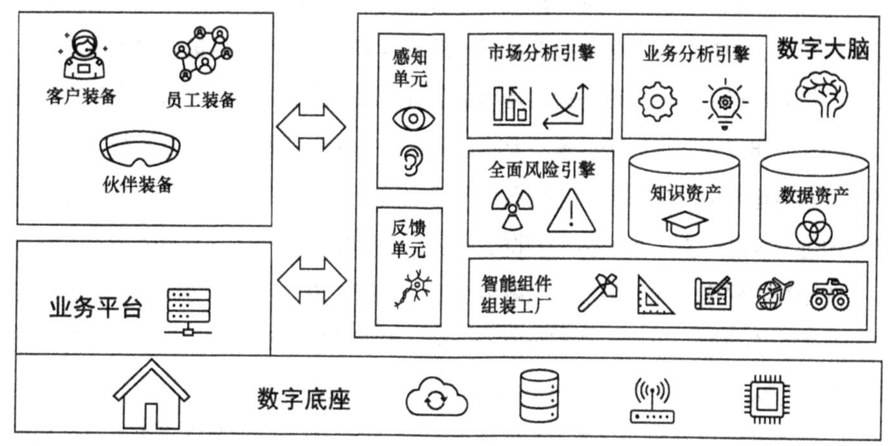

图 4-1　金融数字大脑

金融数字大脑与数字装备进行通信和协同。这两者之间的协同也分为两个层面。底层是数字装备与金融数字大脑之间的技术通信。这种通信一般通过边缘云和数字底座之间的连接进行，并采用标准而高效的技术通信协议来承载。上层是数字装备与金融数字大脑之间的事件级的协同。这种协同是业务级的、策略级的消息机制。协同的模式可以是会话模式，例如，数字装备将请求发往金融数字大脑，接受金融数字大脑"思考"后的反馈。或者金融数字大脑发现风险，将指令或情报发给数字装备，数字装备完成信息探测后将数字反馈回金融数字大脑。协同的模式也可以是订阅模式，例如，金融数字大脑与数字装备互相订阅事件消息或知识模型。需要注意的是，这种订阅是双向的，而不仅是金融数字大脑发布给数字装备。

金融数字大脑与金融传统业务系统之间的协同一般通过数字底座来承载。这里需要引起注意的是，与金融传统业务系统的通信和协同，应该尽量采取无改造和非侵入的模式进行。"无改造"是指尽量不对金融传统业务系统内部结构和程序进行改动；"非侵入"是指尽量不要将信息直接插入金融传统业务系统内部，以防止对正常运行的业务系统带来问题或不稳定因素。理想情况是通过对金融传统业务系统进行接口封装，形成微服务化的新接口。当然，现实情况中这并不容易实现。

除与数字底座、数字装备和金融传统业务系统的协同以外，金融数字大脑还可能与外部生态协同，以使用外部公有云能力，或者获取或交换知识，或者更新、升级金融数字大脑的智能组件。在协同的过程中,金融企业应该尤其注意其中的安全防护,通过数字底座的安全能力来保障协同的安全。由于金融数字大脑是可生长的复杂系统,还应该注意外部生态在对内部金融数字大脑的知识更迭过程中发生的“知识覆盖”或者“知识污染”问题,以保护企业自身的知识资产的可持续性。

(三)金融数字大脑的意义

金融数字大脑是金融企业的分析中心和知识中枢,对促进金融企业的业务创新和效率提升具有积极的意义。

金融数字大脑汇集并积累了大量的客户和业务数据,通过分析形成知识,对促进金融业务和金融产品的创新具有指导性意义。金融数字大脑将知识融入场景中,能够提供许多增值性服务。例如,传统交易过程涉及一定的切换等待时间,而这些时间是碎片化的。有的银行把这些碎片化的时间利用起来,通过用户画像对客户进行一些精准而短暂的产品或服务推荐,有可能带来产品营销机会。金融数字大脑还能够进一步提升和优化这种碎片式服务的效能。它可以评估碎片式产品推荐的效果,找出匹配度不高的客户并进行分析和改进,从而带给客户更好的体验。

金融数字大脑通过全面汇集金融企业的内部事件,并在此基础上进行回演和分析,能够不断找到业务流、资金流、信息流中的短板,从而提升业务效率。人工智能技术已经极大地提升了金融企业的业务效率。例如,AI+RPA在运营管理方面取代了大量的人工操作功能,实现了成本的节省。金融数字大脑能够进一步优化RPA的执行效率,对多个RPA进行管理和编排,实现总体运营流程上的最优。

金融数字大脑基于金融企业的全部数据构建了全面风险分析引擎,对提升金融企业的全面风险管理能力具有重要意义。全面风险分析引擎内嵌于金融数字大脑中,使得风险模型与其他知识模型能够更好地通信和连接,有助于将风险管理融入业务流程和管理过程中,使之更快速、更深入地发挥作用,从而提升风险管理的效能。

金融数字大脑还有助于金融企业更快速地发现商机。金融数字大脑的市场分析引擎能够实时分析市场信息,捕捉市场机会,快速匹配内部业务模式,找到新的商业机会。在数字时代,非结构化数据甚至更巨量的虚拟世界数据会进一步汹涌而至，这些数据已经难以通过传统的大数据平台进行处理。金融数字大脑通过对公有云和私有云算力的混合运用，有可能从其中发现新的知识、规则或者模式。这些不断更新的知识资产是企业创新的最终动力。

金融企业是思考型业务的集合体。金融企业需要建立金融数字大脑来应对这些思考型业务，并从中得到知识，形成知识资产，并将这些知识资产用于企业的创新和发展。只有这样，金融企业才能在未来生存下来。

第五章

金融企业的数字化平台

第一节　金融企业中台建设的本质

一、中台的本质:企业 IT 架构的一种形式

中台的概念突然爆火后,很多软件公司打出了"中台"的标签,资本开始不断问询,更有众多关于"中台"的微课、直播和学习课堂开设。在这里面,有人笃定,有人盲目,更有人焦虑。那么,究竟什么是中台?中台的定位是什么?中台与平台又有什么关系呢?

(一)中台概念:为前台而生,提供能力复用

1. 中台概念的来源

中台最早是由阿里于 2015 年提出的"大中台,小前台"战略中延伸出来的概念,灵感来源于芬兰一家仅有 300 名员工的小公司超级细胞(Supercell),这家公司接连推出多个爆款游戏从而成为全球最会赚钱的明星游戏公司。正是这个看似很小的公司开创了中台的"玩法",并将其运用到了极致。Supercell 建立了共享的技术平台,每个小的研发团队都不用担心基础的技术支撑问题,通过技术能力的复用,支撑了众多小团队敏捷地进行游戏研发。

2015 年阿里提出企业中台,开始倡导的"数据+业务双中台",经过 5 年的建设,不但大幅提升了各生态圈的建设速度,同时降低了大规模协作的成本损

耗。“中台”也被视作字节跳动能成为“App 工厂”的基础,技术出身的张一鸣,创立今日头条时就融入了中台架构;字节跳动搭建了“直播中台”,将三个产品的直播技术和运营团队抽出并合并,来支撑它旗下的所有直播业务。腾讯在 2019 年 5 月的入局,宣布将进一步开放数据中台和技术中台,更是将这一波“中台崇拜”推进至高潮。

2. 中台的概念

目前对中台的一般定义是:中台是企业级能力复用平台。中台的关键是共享、联通、融合和创新。联通是指前台与中台之间的联通,融合是指前台流程和数据的融合,并以共享的方式支持前端一线业务的发展和创新。中台首先体现的是一种企业级的能力,它提供的是一套企业级的整体解决方案,解决业务域、全行业甚至是生态的能力共享、联通和融合问题,支持业务和商业模式创新。通过联通和数据融合,为用户提供一致的体验,更敏捷地支撑前台一线业务。

所谓“中台”,其实是为前台而生的平台,它存在的唯一目的就是更好地服务前台规模化创新,进而更好地服务用户,使企业真正做到自身能力与用户需求的持续对接。

3. 中台的划分

中台通常可以分为业务层面、数据层面和技术底层三个层面,中台架构通常分为业务中台、数据中台和技术中台。

①业务中台:负责沉淀业务能力中心,将用户、账户、产品、支付等基础服务能力通过组件接口的方式输出给各类应用。

②数据中台:全领域数据的共享能力中心,可提供数据采集、数据模型、数据计算、数据治理、数据资产、数据服务等全链路的一站式产品、技术、方法论服务。

③技术中台:是业务中台与数据中台的底层支撑,这些底层技术包括安全认证、权限管理、流程引擎、门户、消息、通知等。这些组件通常与业务关联度不高,属于每个应用都需要使用的功能。

(二)中台架构:IT 架构发展的必然

中台架构是企业 IT 架构的一种形式,回顾软件应用及技术的发展,软件架构演进经历了单体架构、SOA 架构、分布式微服务架构几个发展阶段。单体架构把应用整体打包部署，随着功能的增多，系统越来越庞大也越来越复杂，导致升级、研发、发布、定位问题以及扩展升级变得越来越困难。于是，企业开始通过 SOA 架构来解决这些问题，基于 SOA 的架构思想将重复公用的功能抽取为组件，将应用程序的功能作为服务发送给最终用户。与单体架构类似，SOA 架构下每个系统仍然都是高内聚的，服务的粒度过大，系统与服务之间耦合性仍然较高，随着业务功能的增多，SOA 的服务会变得复杂，系统与服务的界限模糊，不利于开发及维护。为适应海量客户、海量交易数据和快速业务响应能力等互联网业务的特点，以云计算、敏捷开发模式为基础的微服务架构逐渐成为业界的主流。各大银行先后开始搭建“大平台、微服务”的基础平台进行企业软件资产积累、沉淀和复用，提升 IT 的敏捷性、灵活性和可靠性。

1. 传统 IT 架构已无法支撑新业态的发展

金融行业是信息化建设中最重要的一个行业，也是信息化建设程度最高的一个行业，IT 技术已经成为金融企业的核心竞争力。经过多年的信息化建设，金融企业早已实现了账户服务（结算服务）、支付、融资等服务能力，但是，随着涉足场景金融的企业增多，大到买房、买车，小到装修、旅游、育儿，在场景金融的背后，传统金融企业的账户服务（结算服务）、支付、融资等已不足以支撑新业态的发展。比如在场景化时代，银行在清结算时，系统要支持目前复杂的业务场景，能灵活地配置对不同分润方的清结算规则，包括不同的分润方有不同的结算周期和支付手续费率、支付时分账的需求、组合支付、支付中营销活动的支持（代金券、积分、红包）等，除了满足用户支付需求，还应满足商户在不同业务场景下收款结算的要求；银行需要提供丰富的支付渠道以满足更多用户的需求，从而提升使用时的体验，留住更多的用户，因此，支付清结算系统应当实现网银接入、银企直连、快捷支付、第三方支付以及对公对私接口等，同时系统还要具备一定的可拓展性，实现高效管理，便于一段时间后在不影响旧渠道的情况下快速接入新的支付渠道，以满足新的需求；支付清结算时还需要自由切换渠道，自动选择费率或者速度最优渠道。例如，在用户使用某银行的银行卡支付之后，系统可以自动选择同行转账渠道实现最低费率，另外，也需要根据不同渠道设置权重优先级，并针对出款银行不可用的情形，能够重新路由到可用渠道完成出款。

2. 传统"竖井式"IT 架构过于复杂，难以支撑敏捷创新

金融企业经过多年的信息化建设，已经建立了大量的竖井式应用，带来了 IT 复杂性的问题。IT 复杂性的一个表现是应用"过载"，金融企业需要面对纷繁复杂的应用，通常一个银行内部员工的工作应用以及银行对外提供服务的应用数量会达到 300 个，这些应用运行在不同架构、不同操作系统上。随着金融企业布局数字化生态，以创新客户体验为核心，创新商业模式、实现数字化营销与资产创新、重塑业务流程、打造生态圈都离不开 IT 系统的支撑，但 IT 的复杂性难以支撑业务的敏捷创新，金融企业需要通过 IT 架构的转型升级，降低 IT 的复杂性，提升敏捷响应业务的能力。

3. 前台灵活、后台稳定"匹配失衡"，矛盾越来越多

随着信息化的建设，银行业逐步形成了以价值链关系来区分的前台、后台。所谓前台就是以客户为中心，面向客户需求，为客户提供适合的金融产品和服务，直接创造价值的前台是银行与最终客户的交点，如客户使用电子银行、手机银行等获取信息、获得客户服务、申请服务、下订单和交易等，前台强调的是响应敏捷和不断创新。传统后台主要面向内部人员，以提供管理和决策服务为主，间接创造价值的后台是实施银行管控决策的支点，例如，银行的核心业务系统负责银行经营相关的会计结算、账务处理等，后台强调的是成本可控和运营规范。这种前后台关系实现了企业对价值创造的有效分工协作，但随着数字化革命将快速用户响应和个性化创新作为金融企业竞争的核心，前台好比是多个"小直径、高转速"的齿轮，需要足够灵活以支撑用户的个性化、定制化、差异化需求，而后台就好比是一个"大直径、慢转速"的齿轮，需要稳定、有序，这种"前台＋后台"的齿轮速率"匹配失衡"问题越发明显，脱节与失配问题导致冲突越来越大。

中台的本质是企业 IT 架构的一种形式，是 IT 架构发展的必然，其根本是降低 IT 复杂化、解决业务响应力困境及支撑新业态发展，弥补创新驱动快速变化的前台和稳定可靠驱动变化周期较慢的后台之间的矛盾。和传统 IT 架构的核心区别在于其更加贴合业务架构，是企业 IT 战略适应业务战略的高阶抽象，是"百人百面、千人千面"的解决之道。

(三)中台是企业数字化转型下重构 IT 的最佳选择

中台是金融企业前后台速度适配的必要环节。中台存在于敏捷的前台与

稳态的后台之间的中间层，就像是在前台与后台之间添加的一组“变速齿轮”，将前台与后台的速率进行调试匹配，将后台资源顺滑流向前台，通过可复用、端到端的服务能力解决变化相对缓慢的后台系统与数据的稳定、与满足快速变化的前台需求之间的矛盾。在银行中台搭建起模块化、组件化、共享化的敏捷服务中心，借助多元化、精细化的业务服务组件，银行前台业务部门可以像搭积木一样调用中台上的业务组件来编排业务模块，创新业务就可以像“乐高积木式”一样搭建起来，进而实现业务敏捷的核心目的。

1.基于中台实现服务共享与业务创新

通过整合银行内部资源和外部资源，提供标准化的业务流程和共享的服务能力，帮助各个团队快速打通不同渠道、系统、合作伙伴之间的壁垒，提升客户服务能力。为业务创新提供受控的实验环境，通过实现验证业务的假设，快速试错，并能把稳定成熟的业务快速积累到平台中。

2.基于中台提升客户感知与数据洞察

通过中台系统性地收集、管理、使用数据，帮助各团队全面了解客户、掌握生产运行情况、识别经营风险，为优化银行运营流程、提升客户体验的决策提供数据支撑。

3.基于中台实现安全稳定可靠地运行

中台架构为应用提供标准化的架构、运行框架、中间件、基础设施，建立应用研发的规范，保证应用可以在私有云模式、混合云模式和公有云租赁等不同模式下安全可靠地运行，提高 IT 的弹性。

4.基于中台提升软件研发效能

银行数字化转型过程中，既需要高稳定可靠的核心系统，也需要快速灵活试错的创新性系统，中台需要针对不同类型的应用，建立标准化的需求、设计、开发、交付、运维流程，为团队提供高协作、可复用的组件与工具链，提高应用研发、运营的效率，实现软件研发的精益运营。

在 2019 年银行披露的信息中，不少银行已经开始了中台的布局。

平安银行在推进零售全面 AI 化，其提出，从资源集约、能力共享的角度出发，以模块化、参数化、闭环化为原则，积极推动 AI 中台能力层建设。例如投产了营销机器人、投放机器人、陪练机器人、客服机器人等多个 AI 中台项目。AI

中台的建设,主要是为了对零售前端应用场景的赋能。除了AI中台,平安银行还打造了数据中台,主要整合和共享全行数据资源。

兴业银行也提出打造“业务中台”“数据中台”双轮驱动:一方面,通过资源整合和业务沉淀固化企业核心能力,打造更敏捷高效的“业务中台”,提升业务共享和复用程度,快速响应并有效赋能前台业务和生态互联;另一方面,充分利用内部数据资产并提升外部数据整合能力,打造强大的“数据中台”,大力提升数据分析与决策能力。

招商银行也搭建了面向企业的统一数字化中台——招商银行开放平台,运用金融科技变革服务输出模式,探索以标准化、模块化服务支持业务经营模式的转型,快速响应客户的产业互联网需求。

(四)中台是平台建设的自然延伸

中台被热议时,也有很多质疑声:中台不就是已经做了好多年的平台吗?

1.平台与中台

中台战略提出后,很多企业开始用自己的系统与中台对标。部分领先的企业在前些年就完成了恐龙级系统的拆分,实现了从传统大单体应用向大平台的演进,他们将公共能力和核心能力分开建设,解决了公共模块重复投入和重复建设的问题。

那这是不是阿里所说的中台呢?阿里业务中台的前身是共享平台,而原来的共享平台更多地被当作资源团队,他们承接各业务方的需求,并为业务方在基础服务上做定制开发。阿里业务中台的目标是把核心服务链路(会员、商品、交易、营销、店铺、资金结算等)整体当作一个平台产品来做,为前端业务提供的是业务解决方案,而不是彼此独立的系统。

传统企业大平台战略只是将部分通用的公共能力独立为共享平台。虽然可以通过API或者数据对外提供公共共享服务,解决系统重复建设的问题,但这类平台并没有和企业内的其他平台或应用,实现页面、业务流程和数据从前端到后端的全面融合,并没有将核心业务服务链路作为一个整体方案来考虑,各平台仍然是分离且独立的。

平台解决了公共能力复用的问题,但离中台的目标显然还有一段差距!中台来源于平台,但中台和平台相比,它更多体现的是一种理念的转变,它主要体现在对前台业务的快速响应能力、企业级复用能力,以及从前台、中台到后台的设计、研发、页面操作、流程服务和数据的无缝联通、融合的能力。

中台的建设未必一定在企业级，其实这种思路也可以在具体应用建设中采用，把应用按前中后层分离，后端是基础服务，中间层提供可复用、可变化的框架，快速适应前台业务的变化。实际上，中台化是平台化的一个延伸，可以在现有平台的基础上进行中台化的改造。

2. 中台是平台化的自然演进，平台化与中台化相辅相成

中台是平台化的自然演进，平台的目标为高内聚、低耦合、职责边界清晰，是单一团队、部门、系统的效率提升。中台的目标是提升效能、数据化运营、更好地支持业务发展和创新，是多领域、多 BU、多系统的负责协同。平台到中台的改变就是从业务抽象到服务的改变，中台的本质就是从抽象的服务中实现业务，从而满足快速多变的前台，中台的核心是“构建企业共享服务中心”。

平台化与中台化是相辅相成的，平台化是中台化建设的关键基础，平台化建设要以中台化建设方针为引领。平台化解决的是竖井式建设带来的瓶颈，中台是前台与后台连接的纽带。平台化后并不意味着万事大吉，由于服务与服务之间明确的职责划分，必然会造成协作间的隔阂，而前端业务在个性化、多样化的发展趋势下，更希望提供端到端的支撑能力，平台化模式做到端到端，需要前端业务充分理解企业相关平台的全貌，对人员有一定要求，也需要一定的研发时间进行平台间的对接与协调。但是在互联网影响下业务希望小团队、微应用方式快速试错，而不希望把人力、精力放在对企业平台的理解上，这就需要在平台化的基础上，消除平台（服务）之间的隔阂，为前端业务透明化提供端到端的服务。

二、中台之殇，金融中台建设何去何从

“中台”的出现恍若一剂支撑新业务快速崛起的良方，一时蔚然成风。

一时间大家都在说中台，似乎什么都可以往“中台”里装，有业务中台、数据中台、技术中台、安全中台、AI 中台……从来没有一个“风口”像中台这样说不清、道不明。“中台”随之在 2019 年成为 VC 们下注的赛道：不少投资者相信，大量传统公司没有 IT 能力自建中台，第三方服务商就有了市场。2019 年第四季度，三家中台服务商相继宣布获得融资：滴普科技完成 3500 万美元 A 轮融资，云徙科技完成 3.5 亿元 B 轮融资，袋鼠云完成数亿元 B 轮融资。

但是，中台既不是一套软件，也不是一套服务器，更不能包治百病。目前已经出现了实施中台失败的企业，更多的企业在面对中台概念时感到不知所从，既担心不建设中台会落后，又担心没有成熟的经验可供参考。探究中台建设的困惑，其原因多是为做而做、看到别人做也跟风做，或者前期缺乏清晰目标，真正做的时候发现无从下手，或者组织架构不匹配，难以支撑中台的建设，最终无法落地，我们称之为中台之殇。

(一)盲目跟风，奔着中台做中台

中台概念提出后，出现了盲目跟风上中台的情况，至于需要什么样的中台、如何实施中台，并没有搞清楚，项目从开始就已经注定了失败的结局。中台是一种方法论，是一种公共能力的下沉，是一个企业在发展过程中建设了很多烟囱式的系统，在业务没有重用性、流程没有互通、数据不能统一归集时，水到渠成的选择。

和金融企业相比互联网企业历史沉淀并不多，厘清逻辑，下沉公共能力，建设中台尚且如涅槃重生一样难，例如阿里，在进行中台改造过程中面临各种困难，从开始的弱势被各个业务部门打压，到后来地位渐渐提高，各部门依赖中台的服务，再到后面中台逐渐成熟，成为企业核心竞争力。阿里的成功并不意味着中台是一剂万能药，同样的药方大象吃可以强身健体，换作蚂蚁吃却会当场毙命。

中台建设都是公司发展到一定阶段，有了痛点，才值得花大力气去做的事情。它是公共服务的抽象化，是企业能力的下沉，是已经经历过从 0 到 1，略做修整，盘点资源，继续向 10、向 100 发起冲击的企业所应该考虑的战略。建设中台是一个持续投入、持续建设的过程，对于基础建设不够、资金实力有限、专业力量不足的企业，在实施中台战略之前务必要做好充分评估，避免陷入大量投入却没有达到预期效果的局面。

金融企业在前几年经过了大规模的系统建设，已经奠定了从 0 到 1 的基础。大型金融企业的信息系统多是采用自主研发，其科技团队规模较大，且对已有信息系统比较熟悉，可以自主掌控，在中台建设时，大型金融企业可以从企业级的角度建立全行统一的中台架构。但对中小型金融企业来说，很多遗留的系统可能都是由不同厂商开发建设的，不仅是一根根独自耸立的“烟囱”，而且往往科技内部的人也很少能对这些烟囱的内部结构有深入了解。中小型金融企业如果建立企业级的中台架构，需要将各种厂商的系统构建成公共服务，会带来大量的现存系统重构。在这样的基础条件下建设企业级中台，项目的实施风险较高，中小型金融企业可以选择从应用级建立中台架构，而技术中台作为业务中台和数据中台的支撑，且不涉及太多业务，通常是中小型金融企业中台架构建设的第一步。

（二）对中台定位不清晰，期望包治百病

很多企业期望中台能够把业务增长慢、企业运作效率低、组织架构臃肿、缺乏创新等问题全部解决，幻想着中台战略短期内一步到位，长期能够包治百病，真做起来的时候才发现无从下手或者缺乏清晰的目标，最终很难落地。金融企业中台建设目前并没有标准的模式，尤其是业务中台，不像电商领域，业务中台可以收敛一些基础的业务服务，如会员、商品、交易、营销和结算等，所以阿里也只是在新零售领域推广业务中台，在其他行业更多地推广更容易建设的数据中台和技术中台。

中台并不是什么都做，中台的建设应该采用产品化思维，要清晰地定义中台的边界，明确中台在企业架构、应用架构中的位置，明确中台上下游与其他系统的关系，要提供哪些基本的基础服务和服务能力，要对接哪些能力，同时为谁服务，也需要明确建设的目标及考核指标。中台战略是否成功与金融企业的实际状况和实施策略密切相关，如果不顾企业的实际情况，没有掌握合适的实施策略，盲目建设反而会适得其反。

（三）实施中台所需的组织架构不清晰

2015 年末，在张勇提出“大中台、小前台”的组织战略后，从 2016 到 2019 年，阿里巴巴进行过 19 次组织调整。联想中台建设时，1800 名员工的组织调整从 2017 年 9 月持续到 2019 年 4 月，这场改革耗时近 20 个月，涉及诸多高管换岗、部门合并，这一切为拉通中台奠定了基础。可以说中台战略的成功落地，其组织架构的调整也十分关键。

①阿里式的组织调整，对于金融企业来说属于敏感问题。金融企业在中台战略制定过程中，组织架构调整的矛盾与冲突时刻存在，即便是阿里的“共享业务事业部（业务中台）”，早期也是非常艰难地活在淘宝和天猫的夹缝中。金融企业中台建设需要考虑方法论、支撑技术、资产知识及组织四个方面因素，而建立实施中台所需的组织是基本的保障。

当然，任何组织架构调整都会出现矛盾，组织调整会重新分配责任和权限，涉及组织管理的权力缩减问题，可以说金融企业组织架构调整是一个大坎，调整组织就是在动利益关系。同时，业务边界的划分上需要进行磨合，要清楚中台、前台的边界在哪里，如果边界尚不确定，就会出现很多矛盾和冲突。

②金融企业中台建设会带来组织架构的调整，但不能等待组织架构调整后再进行中台化改造。金融企业的组织架构相对稳定，不像很多互联网企业容易变动调整，金融企业对 IT 的依赖度远远高于其他行业，且金融企业的中台建设是从 IT 建设的转型与重构开始，因此中台是科技部门快速响应业务需求、引领业务需求的抓手，强调在科技部门建立可复用能力的平台，应由科技部门驱动，不需要等待业务组织架构的调整而进行。同时，中台建设是一个复用文化的落地，希望将可复用软件与快速变化的应用研发分离，这个过程中首先需要推动设计架构理念的改变，可以选择多变的业务领域或者应用，采用小团队试点的方式，组织虚拟团队，明确产品经理、需求、架构、可重用组件开发、应用开发、测试等相关角色，采用中台的理念改造或者研发新的应用，逐步进行组织的调整。

③中台建设需要自上而下的驱动，如果“一把手”不重视、不参与，失败的概率较高。因为大部分员工很难站在一定的高度去做一个“看十年、做一年”的规划，特别是当一件事和眼前的 KPI 难以达成平衡时，中台的工作会遇到各方面的挑战。因此高层的坚定支持是实施中台战略的第一必要条件。中台价值的实现是有条件的，搭建完成后还要有机会享受成果，这也需要高层来完成。

三、标准化中台、个性化前台、效率化后台

我们提出了中台建设的若干问题，明确了金融企业数字化中台建设应由科技部门主导，是科技的抓手，不需要等待业务组织架构的调整而进行。大型金融机构有建立中台架构的技术支撑和组织保障，可以全面实施 IT 架构转型升级，建立企业级的中台架构。但对于中小型金融机构来说，由于信息系统多是合作开发，科技投入有限且科技团队规模较小，其中台的建设未必一定是企业级的，在具体应用建设中也可以采用，把应用按前中后层分离，后端是基础服务，中间层提供可复用、可变化的框架，快速适应前台业务的变化。

为了支撑数字化转型，金融企业根据前台、中台、后台的职责划分，IT 架构提出了“薄前台、厚中台、稳后台”的转型理念。中台主要依托银行传统能力沉

淀成服务，包括产品能力、用户、风控、营销、客户服务等，为前台快速灵活适应市场变化提供基础。后台主要是稳定的金融产品与业务管理能力，提供金融产品、经营决策、监管报送、人力资源等能力，为中台和前台提供支撑。根据这样的分工，我们对前台、中台、后台的建设提出了不同的目标。

（一）前台要有小惊喜：极致的个性化

金融机构的核心就是客户。前台主要面向渠道和贴近用户的产品，与用户建立数字化连接，通过用户生态掌握用户及行为数据，满足客户需求，提供良好的体验。前台需要深刻洞察和快速响应市场趋势与客户需求，快速、灵活交付差异化的产品和服务。

前台要有小惊喜：所谓的小惊喜，就是极致的个性化。个性化就是“知我所需，想我所想”，在最恰当的时机，用最恰当的方式为客户提供最恰当的服务。

例如，客户在国外无法使用信用卡提取现金，原因是出发前没有事先开通海外提现功能。银行的正常流程是客户必须在国内设置好。传统的银行只会在客户致电客服时照本宣科，请客户下次留意。个性化银行却会考虑到客户的潜在需求，及时主动和客户联络，而不是等客户上门；银行得知客户人在国外，会破例帮助客户在线上进行设置，解决客户的燃眉之急。一天后，主动询问客户是否还有其他需求，并提醒客户使用本行信用卡海外消费的多重优惠；一周后，当客户在国内用同张卡消费时，银行知道客户已回国，欢迎客户回家之余，顺便介绍有优惠的海外旅行保险。两个月后，客户再次出国，银行主动帮助客户设置好海外提现，并以短信通知客户，顺便提醒客户两个月前买的旅行险的服务电话。

听起来有点儿像天方夜谭，但这正是客户需要的。第一，及时发现问题；第二，解决问题；第三，确认问题已经解决；第四，委婉提醒客户银行的存在，为交叉销售和进一步服务埋下伏笔。个性化银行为客户量身定制的不仅是产品，还有服务、提醒和游戏。

有人可能以为“个性化”的目的就是促进营销或者最佳产品推荐。本书认为，个性化不仅仅是增加销售，还是改善服务，提供对客户有用的资讯和建议。要真正做到“千人千面”的可能，银行需要彻底颠覆以往和客户沟通的方式，使用数据分析洞察并全面改变与客户的互动，让每一次互动都建立在对客户的需求预测之上，建立并加深和客户长期可靠的信任关系。个性化的频率可以一天一次，甚至一天数次，频率不是重点，关键的是内容和时机。

极致的个性化如何做?

个性化服务是互联网企业的核心竞争力，其实银行比电商或者零售企业同样具有优势。

金融企业多样化的数据为提供个性化服务带来了无穷机会：存款金额以及变化可以预测客户的资金现况；贷款可以说明客户资产状况和偿还能力。信用卡和借记卡的消费记录可以显示客户的消费喜好；投资则能反映客户风险承受力和对投资回报的预期；保险可以了解客户的家庭情况和生命周期，以及客户对生活素质和健康的重视程度等。银行对客户的了解，无论是广度还是深度，都远远超出其他非金融机构。可是银行的个性化发展却落后于一些电商和零售企业，主要原因是银行缺少一个端到端的个性化生态体系，能够即时服务成千上万的客户，满足他们千变万化的个性化需求。

前台需要快速适应瞬息万变的市场，其直接面对客户并提供相关专业服务从而创造价值。从创新的视角来看，前台主要负责产品/服务的快速迭代试错，为后台的个性化创新提供事前的初步启发，以及事后的初步实验，这要求前台需要实现业务简单化、产品标准化、基础模块化、应用小程序化。

银行有成千上万的客户，千人千面的行为，在不同的时间和地点，构成了上亿种组合。要应付如此庞大的业务，不能没有整体的统筹，各事业部门的配合，客户行为数据的即时采集、分析和应用，渠道实时触达和反应能力，以及技术平台的支持。个性化的挑战是规模，如何实现大规模的个性化定制，就是中台建设的目标。

(二)中台要有小确幸：极致的标准化

中台的定位是能力复用平台，中台的核心是沉淀数据化、标准化的专业服务能力，让前台将能力进行组合，配置实现个性化业务。金融企业数字化中台能力建设是致力于打造标准化、模块化的金融组件，以提高前台业务针对市场需求快速组装的能力；其核心要求是标准化、组件化、可重用，以此赋能创新。

1. 标准化

业务流程一致、数据标准统一，实现流程打通、数据打通，需要整合企业内部被“部门墙”割裂的流程与数据。

2. 组件化

中台为前台创新提供即时可用的服务，快速将设想转化为新产品；避免从零开始，从而降低创新成本和创新难度。中台既赋能内部前台，也要赋能生态圈共生企业和其他客户。中台将前台的成功经验总结成为高度标准化、高度模块化的工具，为前台提供丰富有效的积木式工具库，以服务的方式让前端可以即取即用。组件化设计可以避免系统间耦合性大，牵一发而动全身。这需要针对共用服务进行抽象设计。

3. 可重用

中台提供的服务是应该可以即取即用的、可重用的。业务 A 可用，业务 B 也可用。一个中台服务的价值高低，是"可用"和"可重用"的区别。服务的高重用是设计能力的一大考验，既要尽可能地靠近业务、靠近用户，又要能够实现标准化。通过中台向前台提供"相应的服务"还是提供"端到端服务"，取决于服务提供的可开放共用的程度。作为前台的服务提供者，通过数字化的方式为前台提供稳定可靠的服务，实现服务共享重用，避免竖井式建设。在端到端的服务输出后，业务量可能会短时间内激增。能扛得住大流量高峰时期的高并发、高可用将成为一个大挑战。底层的可灵活扩展能力将非常重要。

广发银行科技部门于 2017 年底开始引入企业金融云技术和开源框架，使用分布式架构和服务化，以"业务建模标准化、分析设计标准化、能力输出标准化"的高标准高要求，组建中台产品团队和中台能力团队，按业务领域构建了互联网业务中台（包括交易中心、用户中心、账户中心、权益中心、营销中心、支付中心、产品中心、清算中心等），为客户提供可伸缩的系统性能体验，为渠道提供可复用的服务能力。

中台需要把后台的速度和前台的速度进行匹配，有效平衡前端的敏捷性和后端的稳定性。银行中台包含技术中台、数据中台和业务中台。业务中台是将支持业务快速上线的功能模块进行标准化，打造不同的引擎组件，帮助银行快速实现产品设计、产品运营、客户营销、风险管理等核心功能的调用与整合，缩短产品上线和迭代的周期。数据中台提供数据采集、数据模型、数据计算、数据治理、数据资产等全链条的服务，帮助银行搭建数据治理体系，将跨部门的数据进行统一管理、分析挖掘，让数据发挥最大价值。技术中台是业务中台与数据中台的底层支撑，这些底层技术包括安全认证、权限管理、流程引擎、门户、消息、通知等，这些组件通常与业务关联度不大，属于每个应用都需要使用的功能。

不同的行业、不同的企业都会有自己的中台模式。一般来讲，好的中台往往具有以下特点：一是相对独立性，一方面可以从前台分离出来，否则就无法形成独立中台，另一方面又是前台的有机组成部分，而不是完全独立；二是兼顾稳定性和灵活性，一方面与前台的灵活性、个性化相比，中台具有较好的稳定性，正是这种稳定性才使得中台可以相对标准化和规模化运营，另一方面又不能过于固化，往往要有组件化、模块化、可灵活扩展的特点，通过简单组合和定制，就能快速支持产品创新的能力；三是最大限度地重用共享。中台要具有一定的适用广度，与前台之间往往是一对多的关系。大量的重用共享，使得成本可以下降、效率可以提升、信息可以联动。

（三）后台要有小感动：极致的效率化

银行后台主要面向内部人员，以提供管理和决策服务为主，属于对业务和交易的处理和支持，以及共享服务，是整个机构的支持和支援部门，间接创造价值的后台是实施银行管控决策的支点，包括财务里的会计核算、内审、人力、行政、IT 支持、呼叫中心等，集中处理贷款审批的中心，后台强调的是成本可控和运营规范。

后台要有小感动，所谓小感动，就是通过精益求精的运营，达到极致的效率化。金融企业需要搭建起可敏捷支撑前台业务的后台组织，借助强有力的技术支持，对全行业务流程、作业模式和相关业务处理系统进行全面整合与再造，建立强大的后台支持中心，逐步实现业务集中处理。同时，通过创新运营操作风险管理模式，建立技术先进、内控严密、运作高效、响应及时的运营操作体系、服务体系和管理体系。通过业务的后台工厂化和集约化处理、流程的优化和再造以及风险的专业化和集中化管控，逐步建立中心化、工业化的运营支持格局，通过提升运营管理水平来提高核心竞争力。

后台效率的提升核心是要优化业务流程，进一步减少业务办理的时间。后台系统可以充分运用会计凭证影像采集、RPA、OCR 识别、自动勾对、大数据、人工智能等技术推动后台业务创新发展，在风险、效率、质量、成本等上达到均衡，提升银行后台管理水平及运营管理能力。信息技术的应用是保证业务能够在后台集中处理的基础和前提，通过信息技术可以实现自动化的业务流程处理和智能化的风险管控，通过信息技术可以将后台集中人员和前台紧密联系起来，推动金融业务的发展。如开户过程中通过OCR＋大数据和RPA技术结合，完成信息的调阅、核对、比照，监管报备、账户的生成，无人工干预的情况下自动开户；印章电子化可以帮助柜员减少工作量，还可以减少勾对工作量；利用线上渠道，结合远程视频服务，完成一些客户以及法人双录和真实意愿核实，提升客户体验；通过OCR、RPA、大数据的结合，把授权中心利用流程机器人替换人工；集中作业应用OCR＋人工智能，将凭证进行自动影像分类，自动识别证件和类别。通过类似的数字化技术为前台业务部门减负。

第二节　金融企业中台建设的方法论

一、解读科技部主导的金融企业数字化中台

(一)企业级可重用能力的建设，是金融企业数字化中台建设的主要手段

金融企业的数字化中台建设，是由科技部门主导的，旨在数字化转型背景下提高业务推出的速度，满足客户个性化要求。软件研发的经验告诉我们，要实现这一要求，必须采用重用的手段，建设企业中台，就是要建设企业级可重用的软件平台，实现有计划、体系化、强制性的重用。重用的本质是将软件中共性的部分抽象出来，开发成可重复使用的能力，基于这些能力开发应用系统。广义的重用有很多种方式，如代码、函数、文档、测试用例、架构、组件等，这些方式在中台建设中都有涉及，但是中台建设中提倡的重用，有很多基本原则。

①重用就是多个相似功能的抽象实现。企业应用是以业务流程和业务数据为核心组成的，因此企业级重用同样是流程和数据的重用，我们把这些可重用的流程与数据，称之为模型。每个可重用模型都应该有相应的组件对应，文档、架构、代码片段等虽然有重用的价值，但仅仅是一种参考方式，无法达到强制的效果，并不是中台倡导的重用方式。我们常说，“有代码实现的重用才是重用”。

②企业级的重用提倡大粒度的重用，提倡端到端流程的重用。以前的重用主要是指相对较小的代码块的重用，也就是小粒度重用。有些机构已经建成了

包含算法、模式、对象和组件的可重用库，然后鼓励研发人员使用库里所提供的东西而不是创建自己的版本。这种小粒度的重用在组合、集成为一个大的业务时可能会带来便利，但业务发生变化时仍需要重构相关的组合逻辑，往往造成大规模调整。大粒度的重用需要在业务流程层面抽象共性，提供软件组合的模式与框架，而不是基于小粒度的自行组合。当然，大粒度的重用必然基于小粒度的重用，我们常说，要把可重用的组件"提供端到端的能力，大到不能再小"。

③重用的首要目标是满足个性化业务的快速推出。重用可以带来很多好处，包括快速推出业务、降低实施成本、提高软件的质量、降低人员能力要求等，从以往实施重用的效果看，降低实施成本、降低人员要求、提高质量往往体现在首位，快速推出业务的效果并不明显，甚至担心大规模重用后会减少科技人员的数量，降低科技的投入。在数字化转型过程中会发现，最重要的是在有限资源投入的情况下，满足更多的业务需求，让业务能够快速试错、调整，重用会带来单点实施成本的降低，将节省出来的资源投入更多新业务研发中。同时减少重复劳动，让科技人员能够将更多精力投入更多有价值的活动中。我们常说，要让重用"创造更多业务价值"。

④可变性管理是重用最重要的手段。传统 SOA 的服务化也能解决重用的问题，但 SOA 架构下的服务强调互联互通的标准化，并没有为服务的可变化能力进行标准化定义。为了适应不同的情况，服务往往存在下面几种方式：一是多版本方式，不同版本对应不同的业务，实际上每个版本就是不同的服务，我们不建议这种多版本方式的管理服务，还不如做成一个新服务来维护；二是利用不同的输入参数标识需求特征，在实现中利用不同的代码分支（例如面向对象的多态方式）实现，这种模式是一个常见模式，但这种方式只对小粒度重用是有效的，大粒度重用时就会造成输入输出定义复杂，难以使用；三是通过内部配置的方式生成可执行的代码，这种方式已经接近重用的最佳方式，缺点是如何进行配置，能够支持哪些变化，外界是不可知的。因此，需要将重用能力所支持的可变性标准化出来。我们常说，"能力是柔性（可变化）的，柔性（可变化）是透明的"。

⑤通过数字化中台建设，推进重用在企业中的应用，实现软件设计理念与文化的提升。金融企业动辄拥有上百套系统，庞大的软件规模，以往注重系统安全可靠运行，稳定性压倒一切，但数字化转型背景下不但希望核心系统稳定运行，而且希望新业态业务快速推出，占领市场，目前的软件研发方法显然不能

满足要求。业界目前敏捷研发的方法是从研发过程的角度，在团队中建立良好的研发习惯，利用自动化手段减少重复劳动，提升研发效率，也是中台建设需要采用的方法。而重用是从软件结构的角度提升研发效率，需要在软件设计层面，提出重用的要求与目标，建立总结、抽象的习惯，改变设计的结构。传统金融企业软件，在会计、账务、支付、资产等核心业务上，根据会计准则等要求，具备了良好的可重用模型，但是在客户接触、营销、运营等方面却缺少具备普遍共识的总结，在新业态、新商业模式下，业务已经不是以会计、账务为核心，而强调以客户、产品、合作伙伴为中心的全生命周期，因此，需要从上述方面进行流程、数据的总结、抽象，建立可重用的能力。重用对软件设计的要求很高，需要逐步形成重用的文化，逐步推广。我们常说，“软件行业已经进入深水区，取法乎上，得乎其中”。

⑥中台建设会带来组织架构的调整，但不能等待组织架构调整后再进行中台化改造。一是金融企业的组织架构相对稳定，不像很多互联网企业容易变动调整，所以数字化中台建设是由科技部门主导的，是科技的抓手，不需要等待业务组织架构的调整而进行；二是中台建设是一个重用文化的落地，希望将可重用软件与快速变化的应用研发分离，这个过程中首先需要推动设计架构理念的改变，可以选择多变的业务领域或者应用，采用小团队试点的方式，组织虚拟团队，明确产品经理、需求、架构、可重用组件开发、应用开发、测试等相关角色，采用中台的理念改造或者研发新的应用，逐步进行组织的调整。我们曾经在某大型国有商业银行，针对调账对账这样的业务开发了大粒度的可重用组件，让试点团队体验到可重用组件带来的价值，坚定了建立可重用能力的信心。

⑦可重用能力的建设，要采用产品化思维进行建设，在业务与技术之间达到平衡。过去往往在衡量可重用能力时，喜欢以被重复调用的次数、重复使用项目的次数等，来作为主要的评价标准，这种方法是片面的。单一从这个视角进行评估，就是技术化的思维，事实上越是小粒度的重用能力，被调用、使用的次数就越多。中台提供的可重用能力，自身就是一个产品，需要有自己的愿景和定位，明确自己的客户是谁，为客户解决哪一类问题，这类问题的业务价值是什么，如何评估业务价值，针对不同用户的策略是什么（例如服务、定制还是自助），如何保证产品的服务质量，产品推广的策略是什么，如何建立产品持续运营的能力。回答了这些问题，就建立了数字化中台持续发展运营的能力，我们

常说的“服务能力化，能力数字化”就是这个意思。

（二）典型的可重用中台架构模式

如果对中台架构有一些了解，就会知道中台分为几种类型，例如业务中台、数据中台、技术中台。中台由若干个中心组成，例如订单中心、客户中心、支付中心等，那金融企业中台建设前中后台是如何分工的？应该有几个中台呢？也需要有这些中心吗？貌似支付中心、客户中心在金融企业中已经存在，还需要重新构建吗？简而言之，金融企业应用的前台是服务客户（包括线上、线下渠道）的渠道、服务合作伙伴的渠道、服务于内部运营的员工服务渠道这四种应用类型，后台是比较稳定的会计/账务等产品、人力资源、客服等，而中台建设针对业务中比较容易发生变化的部分，针对新业态下传统业务没有涵盖的部分。图5-1是一个典型的中台分层架构。

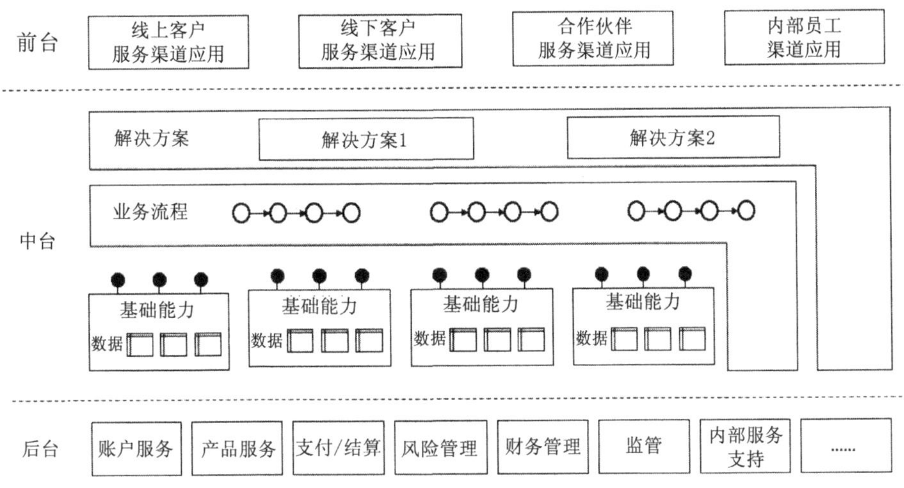

图 5-1 典型的中台分层架构

典型的中台架构自下而上分为基础服务、业务流程、解决方案三层，向下衔接后台，向上支撑上述四类应用。通常能力中心按照数据主题进行划分，例如订单、用户等，存储该主题相关数据，对外提供基础服务；业务流程编排服务，对外提供端到端的流程服务，例如，银行网点的服务流程，包括业务受理、业务处理、业务交付、反馈四个环节，可以作为一个流程服务提供；面向一定业务领域提供解决方案，例如，银行信贷相关可以分为个人信贷、对公信贷、小微贷解决方案，基于这些解决方案提供汽车贷、校园贷、教育贷等前台应用。

如何划分能力中心，是一个常见的问题，一般来说，能力中心的划分依赖于数据主题。企业数据可以分为元数据（描述数据的数据）、引用数据（也就是元数据的取值范围）、主数据（企业经营中不易随时间发生变化的数据实体，如产品、客户等）、交易活动数据（企业经营活动产生的数据，如合约、支付等）、流程轨迹数据（对数据变更通过进行记录，例如审批、复核，包含了交易审计数据）、行为轨迹数据（这是近年来为优化用户体验、提高对业务感知记录的数据，如用户的操作行为等）、分析数据（根据不同维度对数据进行统计产生的数据）等几种类型，能力中心就是按照主数据、交易活动数据来划分的，这种划分方式符合信息化软件的设计习惯，容易被IT从业者接受。

在划分能力中心的时候，总会感觉到有很多跨中心的业务无所适从，放在哪里都不合适，这就需要由业务流程层进行编排。如果大家关注阿里、蚂蚁金服的中台架构演变就会发现，从最初只有能力中心，逐渐加入了商业能力（也就是业务流程）与解决方案两层，用于解决面向业务积累端到端能力的问题。金融企业中台的业务流程层，不但可以编排基础服务，也可以编排后台系统提供的服务。从数据的角度看，业务流程层保存流程的轨迹信息。

基础服务、业务流程服务，都需要定义自身的可变点，同时提供部分可变点的实现方式，解决方案层则是把具备业务相关性的服务汇合在一起。例如，阿里的业务中台就提供天猫、淘宝、国际的三类解决方案，有些金融机构在中台支撑互联网金融时会提供个人、对公、政府的解决方案，蚂蚁金服内部中台建设会提供保险、理财的解决方案。

中台分层架构往往见于业务中台的介绍中，其实这个架构不仅仅适用于业务中台，数据中台建设中能力中心对应主题数据的划分，通过标签化等手段提供数据服务，业务流程对应数据的处理、服务流程，例如数据采集与转化流程、数据发布流程、数据使用流程等，解决方案是面向领域的一组数据服务与流程，例如银行网点画像就是一个解决方案。同样，这个架构也适用于参考中台架构进行现有系统改造，能力中心对应模块的划分，模块内部数据是紧耦合的，是需要保证数据一致性的，模块可独立部署；业务流程是对服务的编排，是客户交互流；解决方案层可以不需要。

金融企业数字化中台建设的目的是推进重用在企业中的应用，实现软件设计理念与文化的提升。在研发过程方面，可重用能力的建设要采用产品化思维,从软件结构的角度提升研发效率,在软件设计层面提出重用的要求与目标,改变设计的结构。数字化中台建设可将研发过程分为可重用的中台研发过程与基于中台的应用研发过程,参照软件产品线工程分别被归结为领域工程与应用工程两部分。金融企业庞大的软件系统在数字化转型时,既希望核心系统稳定运行,又希望新业态新业务快速推出,目前的软件研发方法显然不能满足要求。业界目前敏捷研发的方法是从研发过程的角度,在团队中建立良好的研发习惯,利用自动化手段减少重复劳动,提升研发效率,这也是中台建设需要采用的方法。企业数字化中台建设不是一蹴而就的,而是随着金融企业信息化建设的持续发展和业务的不断创新最终沉淀下来的,因此中台建设时需要了解企业信息化的发展现状,评估其中台建设的成熟度,为企业中台建设提供参考。

二、研发过程

随着金融企业软件应用领域逐步扩大,科技部门需要交付的软件产品数量将呈现出指数级增长。面对不断增长的软件产品规模,如何灵活定制软件缩短新业态软件产品的上市时间?如何提高软件产品的质量、交付稳定可靠的产品以降低核心系统风险?如何降低软件开发、维护的成本,让知识工作者创造更大的价值?这些都是科技部门必须解决的问题。

(一)借助软件产品线工程方法,实现大规模重用

对于金融企业来说,大部分的软件需求并不是全新的,而是已有系统需求的变体。传统的软件研发通常只关注某一具体应用领域,不断地重复开发该领域已有软件的变体,这些变体之间通常存在着大量的相似性,这为系统化和大规模软件重用奠定了基础。金融企业需要采用产品化思维,通过平台来进行重用和扩展,支撑大规模软件重用研发。产品线工程方法就是进行大规模复用的一种方法。

软件产品线起源于 20 世纪 70 年代对程序族的研究,80 年代中期开始使用软件产品线开发系统,90 年代中期出现了对软件产品线正式的理论研究。进入 21 世纪,软件产品线的研究已成为软件工程领域的热门,借助软件工程中软件重用和软件架构的理论基础,软件产品线成为一种非常专业的软件开发组织的方法。

软件产品线是一个产品集合,这些产品共享一个公共的、可管理的特征集

合，这个特征集合能满足选定的市场或任务领域的特定需求，这些系统遵循一种预先描述的方式，它们是在一个公共的核心资源基础上开发的。软件产品线工程是基于软件产品线理论进行规模化软件开发的方法，主要包括领域工程、应用系统工程和产品线管理三个方面。领域工程是其中的核心部分，它是领域核心资产（包括领域模型、领域体系结构、领域构件等）的生产阶段；应用系统工程面向特定应用需求，在领域核心资产的基础上，面向特定应用需求实现应用系统的定制和开发；而产品线管理则从技术和组织两个方面为软件产品线的建立和长期发展提供管理支持。

（二）金融企业数字化中台建设关键是实现可变性管理

金融企业数字化中台建设的核心是重用，中台的建设可借鉴软件产品线工程方法实现大规模的软件重用，保证高质量的新产品开发。软件产品线的关键问题是如何进行可变性管理，并基于可变性管理实现软件核心资产的复用，因此金融企业数字化中台建设的关键也是实现可变性管理。

可变性管理是重用最重要的手段。传统 SOA 的服务化也是解决重用问题的，但 SOA 架构下的服务强调互联互通的标准化，并没有为服务的可变化能力进行标准化定义。为了适应不同的情况，服务往往有下面几种方式：一是多版本方式，不同版本对应不同的业务，实际上每个版本就是不同的服务，我们不建议这种多版本方式的管理服务，还不如做成一个新服务来维护；二是利用不同的输入参数标识需求特征，在实现中利用不同的代码分支（例如面向对象的多态方式），这是一种常见模式，但这种方式对小粒度重用是有效的，大粒度重用时就会造成输入/输出定义复杂，难以使用；三是通过内部配置的方式生成可执行的代码，这种方式已经接近重用的最佳方式，缺点是如何进行配置，能够支持哪些变化，外界是不可知的。因此，数字化中台建设的重点是需要将重用能力所支持的可变性标准化，可变性建模是可变性管理的关键技术，可实现产品家族成员的共性和可变性的描述。

（三）实现可变性管理需要将领域工程和应用工程分离

可变性管理是对产品线范围内的通用资产和可变资产进行管理，并将可变性建模的成果透出给应用，用于应用的个性化业务的配置。建立企业级可重用能力是金融企业数字化中台建设的主要手段，企业级可重用能力的建设可借助软件产品线工程中重用的指导思想，依托可变性管理方法，将数字化中台分为领域工程与应用工程来实现软件大规模重用的开发。

领域工程是开发以重用，基于领域工程将建设可重用的共享服务中心，提供通用的业务流程和服务，并提供可变的业务定制点，用于应用工程系统化的、一致的软件重用。领域工程职责是定义主题数据并根据主题数据切分共享服务中心，实施标准化、端到端业务流程，并发布应用工程可复用的业务组件。

应用工程是使用重用来开发，应用工程从领域工程的共享服务中心获得可复用的流程和服务，使用其中可变的业务定制点，实现特定业务需求的个性化实现，从而构建出个性化的前台业务应用。应用工程的职责是在利用领域工程提供的标准化、端到端流程，细化分析差异需求，通过个性化的可变点实现，完成个性化业务定制。

金融企业建立产品线时应先由产品经理制定详细的“业务方案”，“业务方案”是一个全方位的产品规划，包括目标客户、核心价值、解决方案、渠道、合作方、考核指标、竞争分析、收入分析和成本分析等。从业务的构成看，银行的业务方案可分解为客户交互（渠道）、金融产品服务、产品营销、产品运营、风险控制等部分，当一个业务方案提出后，需要明确业务在哪些渠道完成，本渠道如何交互，跨渠道如何协作；业务由哪些产品提供，这些产品需要哪些个性化要求；该业务通过何种营销手段触达客户；渠道接受客户请求后，企业内部所需的运营流程如何；该业务有哪些风险控制因素，如何控制风险。

编制系统需求时需要由中台架构人员根据重用的指导思想，依托可变性管理方法，将需求拆分为领域需求和应用需求，并梳理领域需求中可重用的能力，决定是否需要领域工程研发新的组件。

领域工程研发过程分为领域需求、领域设计、领域开发等，最终交付可重用资产，并通过“可变管理”将“通用资产”（指在业务中台建设过程中具有普遍应用价值的通用流程、服务、组件或工具类等）和“可变资产”（指在业务中台建设过程中在时间、空间、角色、业务、技术等方面存在个性化差异的扩展主题）透出共享服务给“应用工程”，而应用工程在应用需求梳理、应用设计和应用开发时复用领域工程的通用资产，同时部分复用可变资产，然后通过个性业务定制，发布应用服务。

“业务需求”是对业务目标、业务流程、业务实体类型和决策过程的业务模型的分析描述。业务需求需要清楚地描述业务目标、业务办理的流程、业务办理的条件等。在需求阶段，我们需要充分分解领域业务目标和应用业务目标，抽象可重用的业务流程和定制化的业务流程，透出共享服务，复用可变资产，建立领域需求与应用需求在需求层面的沟通体系。

在设计阶段，我们需要全面阐述业务中台建设的“体系结构”。“体系结构”是通过特定结构组合起来的IT系统架构，可以分解为业务架构、数据架构、应用架构、技术架构、部署架构，与技术中台对应的是技术架构，技术架构又可以分解为应用集成架构、应用技术架构和基础设施架构等。

“组件”是用来复用的，从功能的角度可以分为业务组件和技术组件，业务中台中提供的主要是业务组件，技术组件是从技术角度看的复用，可以分为基础设施（服务器、存储、网络等）、基础软件（数据库、操作系统等）、集成组件（门户、企业服务总线、文件传输等完成应用间集成功能的软件）、其他技术组件等。

三、研发方法

研发过程中需要解决的核心问题是领域工程和应用工程的业务需求沟通、体系结构的设计和交付可重用的组件，为了更好地借助领域工程和应用工程分离实现可变性管理，研发过程中也需要借助一些成熟的研发方法，包括需求的结构化描述方法、参考“4＋1”视图和四色原型法进行体系结构设计、软件持续交付的方法与规范、行为驱动的软件测试方法，以及业务可变性分析的方法等。

（一）通过需求结构化描述业务，把设计模式用业务需求的语言简单地表述出来

需求分析是软件工程中的一个关键过程，也是一个复杂的过程。需求的管理与各个应用的特征密切相关，同时还涉及非功能性需求及其与功能性需求的错综复杂的关系。需求需要方方面面人员的参与，业务部门是需求的发出者，需求分析人员是需求的接受者，开发人员是需求的执行者，只有三方人员对需求的理解达成一致才能开发出成功的软件产品。但这三种人员由于背景知识不同、擅长的领域不同，通常不能完整、正确地了解对方领域的知识，再加上沟通不充分，最终导致需求理解存在偏差。

一般需求描述方法随着迭代周期的延伸，最终流程图过于复杂使我们无法一目了然地找到需求切入点。如果需求人员都不知道该在哪里添加需求，谈何设计和开发呢？

因此，如何对业务需求进行准确的传递至关重要。用结构化的表达方式来描述需求，统一项目相关方对于需求的理解，是保证需求被正确理解的重要方式。为了更好地支撑业务中台的标准化、端到端、柔性的业务流程建设，我们需要一套需求结构化方法，从产品、架构、需求、设计、开发、测试等多角色的全链路视角，建立标准化的信息描述语言和可复用标准，打造跨越业务、需求、设计的需求结构化管理与沟通协作方法。

(二)参考“4+1”视图和四色原型法进行体系架构设计

一个软件的架构要涵盖的内容非常多，很难一蹴而就，因此多采用分而治之的办法从不同视角分别设计。目前软件架构设计常用模型就是视图模型，可以从多个角度描述一个复杂的软件系统，分而治之下一个架构视图是从某一视角或某一点看到的系统所做的简化描述，描述中涵盖了系统的某一特定方面，而省略了与此方面无关的实体，这为软件架构的理解、交流和归档提供了方便。1995 年，菲利普·克鲁腾在《IEEE 软件》(*IEEE Software*)上发表了题为《架构的 4+1 视图模型》(*The 4+1 View Model of Architecture*)的论文，引起了业界的极大关注，并最终被 RUP 采纳。该方法的不同架构视图承载不同的架构设计决策，支持不同的目标和用途。

运用“4+1”视图方法可以针对不同需求进行架构设计，“4+1”视图模型实际上使得有不同需求的人员能够得到他们对于软件体系结构想要了解的东西。系统工程师先从部署视图，然后从运行视图靠近体系结构；最终使用者、客户、数据专家从逻辑视图看体系结构；项目经理、软件配置人员从开发视图看体系结构。

“4+1”视图可以全面阐述中台建设的体系结构：运用“逻辑视图”讲述中台分解方式、模块层次关系、依赖关系；运用“运行视图”讲述应用系统内外的运行期交互模式、柔性价值等；运用“部署视图”讲述中台进程在机器上的安装部署，并和网络等配合满足软件系统的可靠性、可伸缩等要求；运用“开发视图”讲述开发视角的组织管理形式、技术框架支撑等；运用“关键过程”讲述业务中台的研发交付机制。

(三)建立软件持续交付的方法与规范，保障交付效率和质量

采用中台架构后，各业务系统将从原来的巨石型系统发展为大量的服务，服务可以独立部署与发布，降低了系统耦合度，水平扩展能力得到显著提高，但

也带来交付与运维复杂度增加的问题。中台建设需要建立持续交付的方法与规范，将需求、设计、开发、交付、运维的过程协同与配合，用于促进应用开发、技术运营和质量保障各职能之间的沟通、协作与整合，通过优化开发(DEV)、测试(QA)、运维(OPS)的流程，使开发运维一体化，通过高度自动化工具与流程来使得软件构建、测试、发布更加快捷、频繁和可靠。

首先，需要建立敏捷的项目管理方法。敏捷的项目管理方法以需求进化为核心，采用迭代、循序渐进的方法进行软件研发管理。项目不再采用瀑布式的模式，而是被切分成多个子项目，各个子项目的成果都经过测试，具备可视、可集成和可运行使用的特征。分布式应用让应用、服务、数据、感知都可以独立发布、部署、运行，可以把一个大的业务系统项目分为多个相互联系但可以独立运行的小项目，并分别完成，且在此过程中软件一直处于可使用状态。支撑平台支持这种敏捷的项目管理方法，帮助业务系统研发团队管理需求与设计，建立需求、设计与开发、测试的关联，分配任务并跟踪进度，有效整理与跟踪出现的问题，对团队行为进行记录，通过看板方式可视化团队活动，提高各业务系统项目的管理水平。

其次，要建立持续集成能力。持续集成可帮助业务系统的研发团队经常集成他们的工作，通常每个成员每天至少集成一次，这就意味着每天可能会发生多次集成。每次集成都通过自动化的构建(包括编译、发布、自动化测试)来验证，支撑平台连接统一的代码库，调用研发人员编写的编译脚本、自动化测试用例进行自动构建与自动测试，通常每次代码递交后都会在持续集成服务器上触发一次构建，可以在模拟生产环境中自动测试。研发人员需要保证每次构建都要100%通过，每次构建都可以生成可发布的产品。持续集成有利于检查缺陷，了解软件的健康状况，减少了代码编译、数据库集成、测试、审查、部署及反馈中的重复劳动，同时对功能完成度和缺陷率等项目的状态自动产生有效的报告，提高了软件研发的质量。

最后，要实现一键式部署与持续交付。业务系统开发过程中，往往存在多个环境，包括开发环境、测试环境、预发环境、性能测试环境、生产环境。研发人员需要将代码、配置、类库等部署到多个环境中，遇到问题需要回退到前一个状态。手工操作是一个非常烦琐的过程，通常研发人员会编写部署脚本进行一些自动化的操作，但是这些脚本又缺少规范与管理，无法成为统一、一致的行为。

通过支撑平台，研发人员可以自定义部署过程，实现一键部署、一键供应、一键创建新环境。环境可以通过一条命令或一键点击的方式创建，可减轻运维人员的负担，避免错误，缩短业务系统上线的周期。一键式部署让持续交付成为可能，通过更频繁的自动化部署，业务系统新上线的功能可以快速呈现在用户面前，并能在一定的时间内从用户处获得尽可能多的反馈，根据反馈更快速地对新业务功能进行调整，从而加快业务系统交付的速度，适应业务变化。

（四）通过行为驱动的软件测试方法，敏捷研发

传统软件研发模式的问题在于业务人员把业务需求描述给软件需求分析人员之后，软件需求分析人员按照自己的理解编写软件需求规格说明书，然后研发人员根据软件需求规格说明书进行软件架构设计和编写软件代码，最后测试人员根据软件需求规格说明书编写测试案例进行测试。由业务需求到软件编码，再到软件测试的过程中，不同角色和不同人员在不同时段对软件开发所需的信息进行处理，这中间有太多可能的失误甚至直接忽视业务人员的原始需求。软件研发的众多环节中，只要有一个环节出错，软件研发团队就很难按时交出符合业务人员要求的软件产品。

行为驱动开发（behavior driven development，BDD）是一种敏捷软件开发的方法，它鼓励软件项目中的开发者、QA 和非技术人员或商业参与者之间的协作。应用在自动化测试中也可称为行为驱动测试。BDD 借鉴了敏捷和精益实践，让敏捷研发团队尽可能理解产品经理或业务人员的产品需求，并在软件研发过程中及时反馈和演示软件产品的研发状态，让产品经理或业务人员根据获得的产品研发信息及时对软件产品特性进行调整。BDD 帮助敏捷研发团队把精力集中在识别、理解和构建跟业务目标有关的产品特性上，并让敏捷研发团队能够确保识别出的产品特性被正确设计和实现。

BDD 的软件研发过程如下：

①产品经理（业务人员）通过具体的用户故事使用场景来告诉软件需求分析人员他（她）想要什么样的软件产品。使用软件产品的使用场景来描述软件需求，可以尽可能地避免相关人员错误理解软件需求或增加自己的主观想象的需求。

②软件需求分析人员（BA）和研发团队（研发人员、测试人员）一起对产品

经理(业务人员)的用户故事进行分析,并梳理出具体的软件产品使用场景举例,这些场景举例使用结构化的关键字自然语言进行描述,如中文、英文等。

③研发团队使用BDD工具把用户故事场景文件转化为可执行的自动化测试代码,研发人员运行自动化测试用例来验证开发出来的软件产品是否符合用户故事场景的验收要求。

④测试人员可以根据自动化测试结果开展手工测试和探索性测试。

⑤产品经理(业务人员)可以实时查看软件研发团队的自动化测试结果和BDD工具生成的测试报告,确保软件实现符合产品经理(业务人员)的软件期望。

BDD并不是一种软件研发方法,也不是用来替代Scrum、XP、看板等现有的敏捷理论和方法,而是把现有的工作方法融合起来,让软件研发团队更加高效地工作,从而减轻因软件产品计划延误或功能缺失带来的压力。

四、评估方法

信息化成熟度模型是研究企业信息化从不成熟到成熟过程中演变的规律。在有关信息化建设的研究中,国内外目前评估企业信息化成熟度的有10多个比较著名的模型,包括诺兰模型、西诺特模型、米歇模型、哈纳的信息技术打散模型、艾德佳·沙因模型、SW-CMM模型、COBIT框架下的IT过程成熟度模型、信息卓越度模型、IT联盟成熟度模型、基于价值链的四阶段模型和BAPO评估模型等。经过研究,筛选出近些年主流的5个成熟度模型并进行了对比分析,各模型的特点具体如下:

①米歇模型将信息技术综合应用的连续发展分为四个阶段,分别是起步阶段、增长阶段、成熟阶段和更新阶段,决定这些阶段的特征有五个方面:一是技术状况;二是代表性应用和集成程度;三是数据库和存取能力;四是信息技术组织结构和文化;五是全员文化素质、态度和信息技术视野。这些特征和属性综合性较强,但由于分类没有统一的范畴,导致模型仅具有描述性,说服力不足。

②SW-CMM模型主要用于对软件过程的改善和评估,该模型提供了一个基于软件工程成果的过程能力阶梯式进化的框架,阶梯共有五级。这五级由低到高依次为初始级、可重复级、已定义级、定量管理级和优化级。CMM模

型主要的应用对象为软件开发单位，如软件公司。该模型只能用来指导组织信息化建设的过程，还不能对一个组织的信息化水平进行完全准确的描述。

③COBIT 框架下的 IT 过程成熟度模型把 IT 过程的管理划分为六个级别，分别是不存在级（0 级）、初始级（1 级）、可重复级（2 级）、定义级（3 级）、管理级（4 级）和优化级（5 级）。该模型更多的是从组织如何管理信息化项目的角度来分层的，但不是从一个组织信息化已经达到的状态进行评估的模型。

④IT 联盟成熟度模型是基于诺兰模型和 CMM 模型而提出的，该模型分为五个成熟度等级，分别是初始过程、已承诺过程、建立核心过程、改善过程和优化过程，每个等级均基于沟通水平、竞争力、治理水平、伙伴水平、范围和基础架构水平以及技巧水平六个指标。该模型不是从一个组织信息化已经达到的状态进行评估的模型。

⑤BAPO 评估模型是软件产品线工程研究通过平台化实现大规模软件开发时形成的软件能力成熟度评估模型。欧洲工业界和学术界从 20 世纪 90 年代初开始，经过一系列项目的研究，形成了完备的理论体系，并经过了飞利浦、西门子、诺基亚、AG 软件（Software AG）等公司的实践，其中 2003－2005 年的家庭项目提出从四个维度 BAPO（Business、Achitecture、Process and Organisation）对软件平台化开发进行评估的框架。与此同时，SEI 开始了软件产品线的相关研究，BAPO 框架也借鉴了 SEI 的研究成果。

通过对以上信息化成熟度模型的介绍和分析，可将上述模型分为台阶型阶段模型和雷达型阶段模型两种类型。除 SW-CMM 模型和 COBIT 框架下的 IT 过程成熟度模型外，台阶型阶段模型一般是对在一定的历史条件下，已有组织信息化进程的经验总结出的、明显的阶段性特征。台阶型阶段模型的缺点是研究视角全面性不足，不能从组织信息化演化的内在机制出发揭示其演化规律。雷达型阶段模型相比台阶型阶段模型出现得较晚，一般是随着组织信息化的不断发展，信息技术对业务的不断渗透和影响，考虑问题的维度越来越多，开始出现了从多个研究视角综合考虑组织信息化进程的模型，这些模型一般可通过雷达式图样表示。这类模型的优点是既考虑信息技术的应用程度，又考虑企业业务对信息本身的需求，还考虑从单部门到跨部门、从组织内部到组织外部的横向价值链，把组织的信息化过程与组织的战略发展目标紧密地结合在一起，对信息化过程和状态的反映比较全面。

雷达型阶段模型中，BAPO评估模型覆盖了软件工程的业务支撑、架构支撑、软件过程、组织保障四个维度，每个维度有五个级别，可以全面、科学地对软件产品或产品线的研发能力进行指导和评估，同时CMMI模型主要用于对软件过程的改善和评估，对软件开发流程中的需求开发阶段有较好的参考价值。

在金融企业中台建设中，存在四个相互依赖的中台开发问题，即业务支撑：如何从中台产品中获利；架构支撑：构建中台的技术手段；软件过程：中台开发中的流程、角色、职责和关系；组织保障：角色和职责到组织结构的实际映射。这四个问题互相关联，一个维度的变化会引起其他维度的变化。业务支撑是最有影响力的因素，必须优先考虑；架构支撑反映中台软件结构和规则中的业务问题；软件过程构建由架构支撑确定的中台产品；最后，通过组织保障执行软件过程。

为确保评估的准确性，我们结合自身在金融企业信息化建设多年的经验，综合分析后选择的国际先进BAPO评估模型是最符合金融企业中台建设的评估模型，该模型提供了一个基于软件工程成果的过程能力阶梯式进化的框架，可基于BAPO模型对金融企业中台建设进行全面且深入的评估。BAPO成熟度评估模型如图5-2所示。

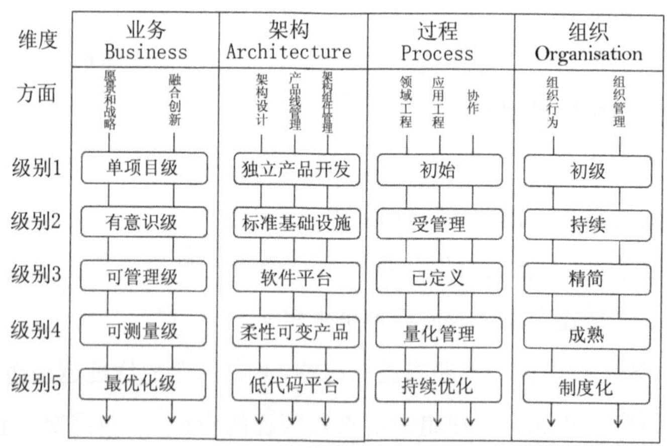

图5-2　BAPO成熟度评估模型

第三节　金融企业业务中台建设

一、需求的结构化描述方法

（一）需求结构化的目标

软件研发的输入是业务方案，从业务方案转换为业务需求、系统需求（软件需求），再进行设计、代码开发，类似一层层翻译的过程，翻译就不可避免地产生信息损耗，需求结构化就是希望在业务需求向代码开发转换时，建立一个数字化标准，统一语言，减少损耗。

（二）需求结构化的要领

我们可以从四个方面发力，推进需求结构化建设，达成前面所述需求结构化的目标。

1. 数字化建模

从“需求结构化”这个名字就可以看出，结构化是建模应当具备的基本能力。它要能够把业务需求通过建模的方式，变成结构化的数据。有了结构化数据，推进数字化管理才成为可能，这为后续可视化以及面向结构化需求的运营打下了基础。从这一点出发，需求结构化描述方法作为工具链的重要环节，必须是结构化、可分析、能展示、可运行的数据。

2. 可视化呈现

结构化的数据通常可以用结构数据表示，例如，有向拓扑图、列表、树以及集合等，这类数据都是比较容易可视化的，也是更加容易理解的。需求结构化的关键要领之一是“可视化”，通过对结构化需求的可视化呈现，我们更容易理解业务的表达。通过呈现“业务能力地图”，我们能够看到系统业务全貌，通过呈现“业务影响度分析”，我们了解业务流转之间的依赖关系，等等。

3. 促进融合

融合性体现在两个方面：一方面是组织融合，结构化需求的描述方法需要适合业务人员学习与理解，易于表述业务需求，适合研发人员设计与实现业务，同时适合架构师进行架构管控。通过结构化需求的描述方法，架构、需求和开发相互之间都走近了一大步。另一方面,在成果方面结构化需求以系统需求为基础,向前融合了部分业务需求,向后融合了部分系统设计,既可以满足业务需求的管理,又可以推动和支撑业务的设计与运行。

4. 实现贯通性

贯通性的最大价值是帮助软件研发过程的管理,结构化需求作为研发过程中的一部分,向前需要与业务方案打通,向后需要与设计、开发、测试、部署以及运维打通,这就是需求结构化的贯通性。通过贯通性,可以实现在研发全链路上的可追溯。

二、可重用体系架构的设计方法

可重用的体系架构是希望在金融企业的众多系统中,利用分类方法找到架构的共性与可变性,提供标准化的架构供不同类型的应用选择。通过这种方式,将应用技术架构设计的能力标准化,将个人的设计经验进行总结,形成可重用的体系架构能力。这种能力建设包括三个方面:一是选择适合的架构设计方法,二是定义应用分级分类的标准,三是根据分级分类提供标准化、柔性的架构。通过这种可重用架构能力的建设,可以逐步提高应用的标准化水平,进而提高架构管控的能力。

在架构抉择上,首先确定架构的通用性,制定标准的架构体系,然后根据系统的分级分类来满足不同情况的架构要求。分级分类的方式通过对系统各个要素的分析,按照要素的匹配度解析系统的分级分类。在架构的分级分类上,按照应用分类、重要性等级、安全等级进行,不同的金融企业可以有不同方式的分类。

三、业务可变性设计方法

软件产品线工程理论给出了业务分析的一个重要方法,即可变性分析方法。所谓的可变性是与通用性相对的。首先,通用性也叫作共性,是客观存在的物质规律,也是人为制定的规章制度、操作流程、管理章程、行业标准等;其次,可变性是通用性的规律、制度、流程等运转过程中影响最终结果的变量,如速度、质量、利率、颜色、位置等。当然,离开了时间、空间和人讲通用性和可变性是没有意义的,我们希望通过业务标准化建设过程,沉淀企业的共性业务资产，以更小的成本、更短的周期、更高的质量支撑灵活变化的前端业务。企业 IT 建设的标准化之路，就是“通用性与可变性”这一对立统一的矛盾体。这个分析过程不是一蹴而就的，也不是一成不变的，而是将通用性与可变性分析融入 IT 建设的全过程当中。在实践中可将可变性分析方法总结为四个阶段：

①第一阶段（Where）：发现业务中的可变性。

②第二阶段（How）：如何进行可变性建模。

③第三阶段（Which）：我们的扩展点有哪些。

④第四阶段（What）：应用中如何配置个性化业务。

第六章

金融业数字化转型升级

第一节　金融机构数字发展新格局

近年来,数字经济的发展突飞猛进,日益成为经济增长的重要驱动力。对此,要构建以数据为关键要素的数字经济,做大做强数字经济,拓展经济发展新空间。

首先需要厘清金融机构、金融中介、数字技术的内涵。金融机构一般是指从事金融业务的相关金融中介机构,包括银行、证券公司、保险公司、信托投资公司和基金管理公司等。目前,我国的金融机构以银行为主。金融中介的实质是资金融通,实现期限、规模、风险的转换,其面临的最大挑战是信息不对称。数字技术一般是指对数字进行运算、加工、存储、传送、传播、还原的技术,金融领域运用最为广泛的数字技术是大科技平台、大数据、人工智能和云计算。

一、关于金融机构数字发展新格局的三个核心观点

第一,过去10年,数字技术与金融业务的融合速度不断加快,由此催生了许多革命性的改变,一些金融领域的基础性特征发生了改变:一是过去金融业务高度依赖财务数据和线下渠道的模式正在发生改变;二是过去大多数经济活动具有边际成本递增的特点,交易规模越大,成本上升越快,当前这种特点正在不断弱化;三是传统金融行业存在普惠性不足的问题,数字技术和金融业务的

融合使金融的普惠性逐渐增强。

第二，金融机构应主动拥抱数字技术，贴近零售、贸易与制造等产业，改善获客、风险控制、产品设计、业务流程，提升用户体验和经营效率。数字技术主要用于降低金融活动中的信息不对称程度，其核心在于，数字技术是金融业务贴近产业或场景的手段。以往银行风控业务依靠的是过去的数据和信息，如今可以利用数字技术更加贴近借款客户，在应用场景中实时监控风险，这在过去是很难做到的。

第三，金融风险的形态将发生改变，这既可能削弱一些不稳定机制，又可能放大风险传播的速度与广度。由此，需要推广"监管沙盒"及其他监管科技与做法。

二、金融发展的过程是科技与金融相结合的过程

1980—2000 年，我国商业银行业务由手工记账向电子自动化转变，实现了跨区域的通存通兑。在这个过程中，金融服务效率得到极大提升，交易的安全性和可靠性也得到了改善。

2000—2013 年，互联网跨越式发展之后，金融机构的网络化转变实现了业务网上审批、资金异地实时汇转，推进了金融机构资金清算、风险控制和内部管理效率的大幅提升。

这里讨论的数字金融或数字技术对金融业的影响，发生于 2013 年以后，得益于第四次工业革命成果——大数据、人工智能、云计算等数字技术的快速发展，这些数字技术与金融业务开始深度融合，推动着金融机构服务向场景化转变。

本书所讨论的数字金融，在国外更多地被称为金融科技。金融科技给人的感觉更多是一些科技公司所提供的金融解决方案或金融服务。实际上，近些年我们感受到的大多是新型科技公司在从事金融业务。

三、中国数字金融全球领先，即将迎来 2.0 时代

在 2022 年全球金融科技 100 强企业中，中国企业有 14 家；位列前 12 名的企业中，中国企业有 4 家。由此可见，在金融科技公司和独角兽公司的数量上，在金融业务的城市影响力上，以及在移动支付、互联网银行及大科技公司全方位的金融服务水平上，中国都是引领全球的。

中国金融科技公司相对领先的一个重要原因在于，传统金融领域供给不足的矛盾相对突出，尤其是在普惠金融方面，现在很多能享受支付、贷款、保险、投资服务的企业和个人，其实在过去都难以被金融服务触及。因此，传统金融服务供给不足的情况客观地为我国数字金融快速发展提供了一个很好的条件。

一般认为，中国数字金融发展起步于 2004 年，但 2013 年才是大发展的元年。值得注意的是，迄今为止中国的数字金融创新更多地是由新型数字金融机构推动的。这一现状在未来会发生变化，这与中国金融监管框架发生调整及数字金融业务趋于成熟高度相关。

未来会有一些新的发展趋势，数字金融即将迎来 2.0 时代。

从发展模式上看，传统金融机构可能会成为数字金融的主力军，甚至出现科技公司为金融交易提供技术解决方案、金融机构使用数字技术改善金融服务效率的格局，这也是金融主体分工模式的改变。近些年，京东、蚂蚁集团陆续更名去金融化，因为它们最擅长的就是提供科技解决方案，这些变化实际上反映的就是这一趋势。

从业务领域看，数字金融将从目前的移动支付、互联网贷款和数字保险等扩展到智能投顾与中央银行数字货币等新领域。下一步，将重点研究这一趋势和影响。

四、金融机构正在积极推进自身数字化转型

传统金融机构正在主动利用数字技术，在服务范式、渠道创新、科技赋能和生态构建等方面实现数字化、智能化转型。具体来看，主要有四个方面。

(一)数字技术推动金融机构商业模式转型

从各类金融机构的数字技术投入、数字化转型程度看，银行位列第一，之后依次是保险、证券和基金。

银行的数字化转型主要体现在：民营新兴互联网银行引领了很多业务创新，填补了传统银行普惠金融服务的不足；传统银行加大金融科技投入力度，发展直销银行，打破传统银行在时间、地域上的限制，完成了交易流程线上化的转型；传统银行与新兴互联网银行合作开展联合贷款模式。特别是在新冠疫情防控时期，银行数字金融业务的创新速度加快。

目前来看，商业银行线下渠道已经开始萎缩。从 2018 年开始，商业银行的

实体网点数量开始减少，线下渠道运营成本高、回报少，线上渠道变得越发重要。不过，线下网点不会全部撤销，银行正在逐步优化网点，提高效率。

除了银行，保险公司的数字化转型也很快，着重于经营模式和产品的创新、风险管控模式和用户体验模式的转型等方面。证券公司的数字化转型体现为云计算和大数据已经得到普遍应用，人工智能应用得到了长足发展。

从金融机构数字化服务的具体案例来看，中国工商银行应用了“小微中心＋实体网点＋自助渠道＋电子银行”的模式，这是一种“经营快贷”，用户在App上可以查询可贷额度并进行线上申请，系统自动审批，实现秒贷。中国光大银行开展“云缴费”业务，整合各类缴费渠道、支付功能，一方连接公缴单位，另一方连接各大流量平台，现在已经有数亿名活跃用户。平安银行开展了小微企业“了解你的业务”(know your business，KYB，即中小企业信用贷款审批)，一是可以实现作业模式(线上申请、系统自动审批)，二是风控应用了很多第三方经营数据，三是客户体验得以提升，临柜一次即可完成开户、面签、还款业务。上述3家银行的数字化业务都是以小微企业为服务对象的，提高了金融普惠能力。

陆金所的业务聚焦在财富管理方面，其将数字技术用于合规、风控和投资者适当性管理，提升了用户理财效率。新网银行是一家开放银行，也是一家新型互联网银行，其搭建数字金融平台后，对接滴滴、美团等大型科技平台提供信贷服务。这与网商银行、微众银行有所不同，后两者主要是在自己的平台从事信贷业务。

美国著名的分析及决策管理软件公司费埃哲公司(FICO)开发了模型分数产品“FICO score XD”，引入支付账单等非传统数据(固定电话数据、收费电视数据、手机数据、公用事业开支等)，它主要的创新是为没有信用分的人群进行风险评价。

整体来看，国内金融机构已经有了非常多的创新，未来在业务模式上还会有更多创新和演进，我们也许会看到新的业务类别，因为数字化变革才刚刚开始。

(二)数字技术赋能下的信用风险管理：大科技信贷和数字供应链金融

无论从事什么类型的金融业务，核心问题都是信用风险管理。信用风险管理的方式主要有两种：大科技信贷和数字供应链金融。

1. 大科技信贷

大科技信贷风险管理的核心是大科技平台加上大数据风控。

大科技平台的主要优势是闭环的生态系统，能解决金融交易（尤其针对普惠金融客户）中遇到的两大难题——获客和风控。大科技平台能做3件事情：一是长尾效应获客，边际成本几乎为零；二是数字足迹积累大数据，一方面实行实时监测，另一方面支持大数据风控；三是通过正向和负向激励机制加强还款管理。

大数据风控则通过积累的数据和外部已有的数据，如中央银行征信等，结合机器学习，预测还款能力，识别还款意愿。从目前几家新型互联网银行来看，其平均贷款不良率与商业银行同类别的贷款不良率相比较低。

大数据风控模型是否有效？简单来说，大数据风控模型有两个要素：大数据和机器学习方法。传统银行风控模型则包括财务信息等传统信息及信用卡评分。结果显示：在给定信息的情况下，机器学习模型要优于信用卡评分模型；在给定模型的情况下，大数据要优于传统数据。总体来看，大数据风控模型对于预测违约比传统风控模型更有优势，这种优势既体现为信息优势，也体现为算法优势。

当前，几家新型互联网银行每年的贷款数量非常大，且速度很快，网商银行的阿里小额贷款业务有一种“310”模式，即3分钟申请、1秒钟到账、0人工干预，所以它能在扩大规模的同时将风险控制得比较低。现在很多直销银行也采用了类似的逻辑。从宏观上来说，如果这种信用贷款模式日益扩大，可能会对金融稳定产生一定影响。

过去，很多小微企业贷款都是抵押贷款，这会导致伯南克提及的“金融加速器”机制，其原理是：如果房价下跌，信贷会收缩，经济增速会下降，进而使房价进一步下跌，反过来不断强化这个过程。因此，有时候房价最初只是下跌3%、5%，最后却可能引发非常大的市场调整或经济调整甚至经济危机。

数字化风控不依赖抵押品，可能缓解金融加速器机制，在一定意义上，金融体系的稳定性可能得到增强。值得注意的是，大科技信贷并不一定会让宏观机制变得更稳定，只是说金融加速器机制可能会消失。

2. 数字供应链金融

数字供应链金融一般是指利用数字技术特别是区块链技术进行应收账款

质押、抵押货物控货及交易真实性验证，为供应链上下游企业提供综合性金融服务。这种方法实际上更多面对的是供应链上的中小微企业。

如果说大科技信贷的实质是旁证型风控，是 ToC 逻辑(即面向的购买者是个人)，那么数字供应链金融的实质就是验真型风控，是 ToB 逻辑(即面向的购买者是机构)。通过研究发现，虽然大数据风控针对中小微企业，但这些客户规模相当小，基本上是微型企业，每年的营收非常少，因此风控还是 ToC 逻辑，虽然重点关注交易量和信誉，但也看企业家是否靠谱。数字供应链金融直接面对链上的企业，企业规模比大数据风控下的企业规模大很多。如果说大数据风控是贴近一个场景去降低信息不对称程度，数字供应链金融则更多的是直接接近产业，也可以把产业想象成一个场景，需要知道交易是否发生，货物是否真实、可掌握。因此，区块链在数字供应链金融中特别重要。它可以提高交易速度，因为在做控货的时候，可以确定这个货物是真实的、在系统里可控的。如果在线下做，成本非常高，效率比较低，风险比较大，而区块链技术就可以避免这些问题。

因此，数字供应链金融可以更好地服务中小微企业，而且是“有业务才有信贷”，随借随还，其好处是既能降低资金成本，又能减少金融周期的冲击。

(三)数字技术改变金融市场的格局

过去，普惠金融很难做。大科技平台连接起来之后，能发挥长尾效应，吸引更多客户。

数字技术使得商业银行可以为中小微企业和低收入人群提供市场化和商业可持续的融资服务，让普惠金融成为可能，这是一个很好的普惠性现象。无论是新型互联网银行，还是传统商业银行的直销银行，都有可能通过大科技平台、大数据和云计算解决获客难和风控难的问题，如新网银行关于“信用白户”的实践。

数字技术为新型互联网银行和传统商业银行之间的合作提供了可能。开放银行通过软件开发工具包(software development kit，SDK)、应用程序编程接口(application programming interface，API)等技术，与第三方机构共享数据、算法、交易、流程和其他业务方面的功能，为商业生态系统的客户、供应商和其他合作伙伴提供服务；新型互联网银行进行线上获客与风控评估，银行进行二次风控，并根据约定的比例与新型互联网银行共同为客户提供贷款。

在市场格局变化中，未来中央银行数字货币将怎样改变金融格局呢？

中央银行（简称央行）数字货币的特点是：只替代 MO（流通中的现金），不替代 M1（狭义货币）或 M2（广义货币）；央行不为数字货币和电子支付（digital currency/electronic payments，DC/EP）支付利息；采用双层运行系统，即央行对机构、机构对个人。总体来看，短期内央行并不希望把央行数字货币做得特别大，避免金融机构脱媒。但是，这样一个提议落实下来会怎么样呢？

DC/EP 究竟会对金融机构造成什么样的影响，还需要观察：一是实际落地结果可能跟预期存在偏差；二是 DC/EP 还只是第一步。我们相信 DC/EP 不是中央银行做数字货币的终极目标，央行还有很多其他事情要做。未来需要考虑其他一些问题。例如，央行数字货币对移动支付及生态系统会产生什么样的影响？如果央行数字货币完全实现"点对点"支付结算，移动支付将来怎么办？数字足迹和大数据怎么办？央行数字货币对商业银行有什么影响？

尽管央行数字货币计划只替代 MO，但替代一部分 M1 的情况其实是可能的。M1 就是放在银行的活期存款，它的利息非常低。如果未来人们用惯了数字货币的线上支付，那么将钱放在数字货币钱包中还是放在央行实行活期存款差异不是很大。因此，未来商业银行怎么吸收存款？将来的专长是什么？这些问题都值得关注。

（四）数字技术对外部监管环境的影响

当前监管趋于收紧以应对风险。自 2015 年起，支付领域、网络借贷、互联网保险、金控平台等的监管政策开始收紧，监管部门也陷入"松监管引发风险、严监管扼杀创新"的困境。

现有的监管框架不足以实现防范金融风险与鼓励创新之间的平衡。目前，监管推出金融科技"监管沙盒"，以平衡防范风险与鼓励创新。

最后提出以下政策建议：

第一，进一步推进金融市场化改革，让金融机构实行市场化的风险定价，并真正实现公平竞争。只有完全公平地竞争，数字技术才能更好地发挥作用。

第二，加快数字金融基础设施建设，包括 5G 技术的落地，改善内陆地区的网络通信条件。

第三，加快数据立法，保护隐私并鼓励数据共享，积极整合政府与社会的各类数据库，支持金融决策与服务。

第四，积极推广已经落地的中国式“监管沙盒”试点，支持金融机构和科技公司在风险可控的前提下创新产品、流程与模式。

第五，改革监管框架，尽快由机构监管转向功能监管，创新监管科技，重视行为监管，加强金融消费者保护。

第二节　推动金融科技与数字经济健康融合发展

在数字经济的发展中，我国金融业一直是技术创新的积极实践者和受益者。随着人工智能、云计算、大数据、区块链等信息技术的快速发展，金融与科技深度融合的步伐还将加快，必将全面提升和深化金融业的服务和管理水平。

一、金融业是信息科技运用的积极参与者

金融业是信息科技运用的积极参与者，长期的探索和发展为金融与数字经济融合发展奠定了坚实的基础。在改革开放以来的几次重要信息化建设中，金融业始终处在前列，有些通过代替人工提高了效率，有些运用新技术重塑了业务流程，有些拓展了金融服务边界。

我国信息化建设进入新的快速发展阶段。与此同时，数字经济发展迈上新台阶，为科技在金融业的实践探索创造了更加有利的发展环境。传统企业形态、生产方式都在顺应数字化趋势而主动变革，人们也大大提高了对线上场景的接受度。

信息技术的创新运用始终伴随金融改革发展的进程。虽然与发达国家相比，我国在金融科技方面起步较晚，但我国在金融科技方面发展速度快，成效显著，对金融市场、机构、服务产生的影响极为深远。

二十世纪八九十年代是金融科技的初步探索阶段，以金融业务电子化建设为主要特征。1990 年，中国人民银行清算总中心成立。1991 年，基于金融卫星通信网的电子联行系统、以推广使用银行卡为目标的货币电子化工程（金卡工程）等一系列重要的信息化基础性建设项目相继启动。金融交易行为从手工记账、人工交换纸质凭证逐渐过渡到联网处理。这段时期的金融科技创新本质上是一系列模拟人工的初级尝试，银行物理网点和存折存单仍是办理银行业务的

主要渠道和手段。

21世纪初是金融科技全面探索阶段，以金融渠道的自助化、网络化为主要特征。2000年前后，为应对“千年虫”，各大银行大范围实施了软硬件系统的升级改造，为后续扩大金融科技的应用奠定了硬件基础。大小额支付系统等信息化基础建成投产，进一步消除了跨行异地支付清算的技术障碍，全面实现了“一点接人，一点清算”，提供全天候不间断的支付服务，提高了货币传导机制的运行效率和资金运转速度。ATM、POS机等服务终端覆盖面不断扩大。互联网在国内开始逐渐普及，网上银行、手机银行逐渐走入人们生活。

近年来，在大数据、云计算、人工智能、区块链等新兴前沿技术的带动下，金融科技向智能化、精细化、多元化、场景化迈进，在支付结算、信贷融资、财富管理、基础设施等各个领域全面开花。移动支付业务量增长迅猛，甚至在一定程度上实现了对ATM等银行卡受理终端的替代。金融机构自身运用信息科技开展创新、深化转型和落地应用的步伐明显加快。一批采用互联网展业模式、从事线上信贷业务的民营银行，通过运用先进的技术优化风控体系，在填补服务空白、降低融资门槛等方面取得了积极进展。

在金融科技探索过程中，有一条清晰的发展脉络，那就是从早期电子化模拟手工（如记账、票据传输等），到自助化替代手工（如通过自助机具、网上银行等手段实现远程办理），再到现在的人工智能（如提供智能风控、大数据客户画像等用以辅助决策，实现全自动化或半自动化的智能投顾服务等）。从线下到线上，从被动升级系统降低成本到主动创新转型创造财富，从学习引入国外经验到自主研发核心技术，从金融服务的自我优化到跨行业多业态融合场景，从供给端迈进数字化到需求端改变用户消费习惯和行为方式，金融科技使金融服务理念和模式发生了深刻的变化，为金融发展提供了创新活力。

二、金融科技与数字经济融合发展是金融供给侧结构性改革的重要内容

数字经济已深入各领域，金融科技从模拟手工到人工智能，从作为提高效率的手段，到如今深度参与生产、创造价值，不断迭代进步。随着数字经济的发展，金融科技势必向更高水平、更深层次拓展。让金融科技在调整优化金融体系结构、强化金融服务功能中发挥更大的作用，是金融供给侧结构性改革的应有之义。

(一)数字技术将极大地拓展金融服务

这一点集中体现在提高金融服务效率和可得性上,主要基于两个优势。

1.基于技术手段的优势

对企业客户而言,除了传统的融资、转账、结算需求,还有如现金流管理、代缴代发等综合化金融服务需求。这类综合业务依托传统手段,只适合大型企业。用传统手段服务小微企业,企业数量多,数据分散,成本高,效率低,不经济。利用区块链易追溯、难篡改的技术特点,可有效解决小微企业信息真实性的验证难题。对个人客户而言,通过非接触式服务、移动支付等技术手段,可以解决金融服务"最后一公里"问题。

2.基于数据信息的优势

中小企业贷款难,很大程度上是因为信息不对称和获得信息的成本过高。反映企业真实状况,提供可靠信用信息,可行的办法是建立互联互通的跨部门信用信息系统。目前,在一些地方,针对小微企业的信用信息平台建设已取得初步成效。同时,一些以互联网为主要渠道的银行,利用自己掌握的电商交易数据、社交行为数据,为用户"画像",也拓展了自己的客户群体,提高了普惠金融服务水平。

(二)数字技术将给金融业带来观念、管理、业务上的全流程、全方位革新

金融和数字技术相结合,通过推动业务重塑、产品创新,以及对组织管理流程进行再造,可能对金融业态产生重要影响。

1.改进前端服务

通过"线上获客、大数据风控、IT 系统构建、贷后管理"的方式快速发展线上信贷已成为一种普遍尝试。大型银行已经开始了这些方面的探索,纷纷设立金融科技子公司,发展速度很快;同时,积极借鉴平台做法,注重与场景相结合,分析挖掘用户的综合化需求和个性化偏好,以主动提供更有针对性的金融服务。

2.更新中后端管理

依靠数字技术赋能,审批、风控等信贷流程能够实现数字化、线上化。传统的贷款审批流程是客户申请后提交人工审批,现在可能会出现一些新情况。如

何适应数字技术的特点，优化审批流程，需要用系统论的方法提升解决问题的整体水平。

三、坚持金融基本规律，促进金融科技与数字经济健康融合发展

数字化趋势使金融机构、科技企业和金融市场基础设施之间的联系更加紧密，但也增强了金融体系的关联性和金融系统的顺周期性。在金融与数字技术的融合发展中，催生了新技术、新模式、新业态，同时也必然会不断面临新问题，其中有些是过去从未遇到过的，需要认真分析研究，不断促进规范发展。在积极推进金融科技与数字经济融合发展的进程中，要始终清醒地认识到，金融同实体经济共生共荣的基本关系没有改变，金融支持实体经济发展的基本要求没有改变，金融要始终注重防范和化解风险的行业基本特征也没有改变。

（一）坚守金融科技服务实体经济的定位

为实体经济服务是金融行业的天职和宗旨，是金融行业健康发展的基本前提。

1.在企业客户端

在企业客户端，要顺应数字经济发展趋势，构建新的发展格局。抓住产业变革机遇，利用科技手段提供系统性解决方案和综合化金融服务。以区块链等技术服务产业链、供应链，带动增加有效投资，构建实体经济顺畅运行的资金循环体系，为实体经济转型升级增加金融供给。

2.在个人客户端

在个人客户端，立足内循环，坚持市场需求导向，特别是在消费领域利用数字技术加快与各类新消费业态的融合，释放内需潜力。借助互联网改进营销策略，改善用户体验，增强获客能力，拓展和满足人民对美好生活的更高层次需求。

（二）拓展金融科技在普惠金融领域的应用

发展普惠金融是服务实体经济、服务人民生活的落脚点，也是金融供给侧结构性改革的重要任务，其关键是解决融资难、融资贵问题。融资难，难在信息不对称，“缺信息、缺信用、缺抵押”；融资贵，贵在传统服务渠道和服务方式下，

经营管理成本居高不下。要借助科技手段降低物理、时间、经营成本，丰富产品供给，优化服务模式，让科技成果更多地惠及民生。

1. 全面提升服务可得性

前些年，实现乡镇基础金融服务全覆盖，主要是通过ATM、POS机、小额转账电话等自助机具。随着我国农村互联网、智能手机的普及率不断提升，非接触式服务、移动支付等手段因成本更低、服务更便捷而成为主流，能够更好地解决金融服务“最后一公里”难题。互联网民营银行借助自身掌握的互联网社交信息、电商交易等特有大数据，设计了一整套有别于传统银行授信方式的智能风控模型，为缺少征信记录的个人客户，特别是小商贩、个体户提供融资授信，效果很明显。同时，金融科技的普及也有助于增加普惠金融客户获得保险理财等综合金融服务的机会，改善地区之间金融服务不均衡的状况。

2. 有效提高信息透明度

一方面，加大企业和农村地区生产生活等多维度的数据信息收集力度，提高挖掘分析能力；另一方面，积极利用区块链易于追溯、难以篡改的技术优势，推进小微企业信用信息链上化，缓解小微企业应收账款真实可靠性等问题的困扰，破解信息不对称、信用信息缺乏等难题。

3. 进一步提升服务效率

人工智能等技术的运用可以大量节省人力，有效优化服务流程，缩短业务办理时间。要用好云计算等技术，通过后台批量化，高效率审批数据，提升机构运营效率，降低经营成本。

特别需要指出的是，金融行业属于服务业。服务业是一个以人为本的领域。拓展金融科技的应用，应当树立以人民为中心的发展理念，坚持以人为本，不能本末倒置、舍本逐末。要注重用户体验，体现人文关怀，营造友好、安全的服务环境。既要吸收国外先进经验，更要符合我国金融市场的成熟度和各类群体的接受度，为人民群众创造看得见、摸得着、感受得到的数字化金融生活。举个例子，早期推广信用卡的时候，国际上信用卡是不设密码的，我国在研究制定信用卡相关管理条例时，一开始也打算跟着国际惯例走，后来考虑到我国国情，最终规定我国的信用卡应设置密码。实践证明，这一规定对保障信用卡的资金安全发挥了重要作用。

(三)突出金融属性,防范金融风险,夯实金融科技创新基础

网络借贷、虚拟货币交易等活动,很多都是披着金融科技外衣的金融乱象,要坚决加以整治。分析相关风险案例,我们可以看到,这类所谓的金融创新有如下特点:违背金融业要求安全性、流动性、营利性的基本原则,追求迅速扩大市场份额,追求短期暴利;违背不同金融业务防控风险的基本要求,没有风险准备或没有风险防范措施;意图通过跨市场、跨行业经营,多头套利,最终使多重风险叠加。

金融科技本质上是一种技术驱动的金融创新活动。无论是称其为金融科技,还是称其为科技金融,始终不能忘记其金融属性,不能违背金融运行的基本规律,否则必然会受到市场的惩罚。在数字化背景下,金融风险防控的技术手段、重点环节都与传统金融风险防控有所不同,具体如下:

1.提升技术可靠性

客户远程化、服务场景化、交易实时化决策是大趋势。交易量激增、系统负荷加大,对软硬件都提出了更高的要求。一方面,要强化关键核心技术自主创新,进一步提高系统灾备能力,完善网络安全的技防体系,消除信息技术安全漏洞和隐患;另一方面,要加强软件运行、模型开发设计,增强稳定性,提高线上业务智能化水平。

2.关注数据标准与数据安全

数据是重要的商业资源和生产要素。随着应用场景和参与主体的多样化,数据作为基础性战略资源的核心价值日益凸显。一方面,要统一数据标准,提升数据的易得性、便捷性、通用性,增强数据挖掘能力,破除数据壁垒,强化各行业数据资源的融合利用;另一方面,信息技术汇集了大量敏感数据,涉及身份、财产、账户等各个领域。用户隐私、算法公平等问题,既是技术问题,又涉及法律、伦理问题,处理不好可能会引发负面社会效应。必须做好数据治理和数据安全保护,防范信息过度收集、滥用和泄露等社会问题。

3.注重防范风险

随着现代信息技术更深度地参与到金融交易、风险决策、内控合规、智能分析等活动中,信息科技风险更容易引发操作风险、信用风险、流动性风险等连锁反应。在技术高速发展的情况下,一些市场主体利用互联网传播速度快、获客

能力强、进入门槛低等特点，开发一些金融产品并迅速扩张，短期内集聚风险，同时因为网络的外部性特征，还放大了金融风险跨产品、跨市场传播的可能性。因此，既要防范传统业务数字化可能带来的风险，也要防范利用数字技术创新金融业务的风险。此外，还要关注各类技术风险。

4. 建设人才队伍

现有金融机构的科技人才队伍仍需进一步强化，多数商业银行的科技人员占比不足5%，不同程度地存在核心技术、运维管理依靠外包、受制于人等问题。需要加快培养既懂科技又懂金融的人才队伍，不断提高从业人员的科技创新意识与创新能力。

第三节　国有大型银行数字化转型行稳致远

数字技术的进步深刻地影响了社会化大生产，颠覆了许多行业的生态、格局和模式。金融是现代经济的核心，信息高度集中，金融数字化潮流势不可当。国有大型商业银行数字化起步较早，经过多年的发展，取得了阶段性成果，但数字化变革仍在持续，更高层次的数字化转型关系到国有大型商业银行未来的生存与发展。

一、国有大型商业银行数字化转型探索

国有大型商业银行对科技的重视程度前所未有，数字化转型已经成为共识。国有大型商业银行的数字化转型可追溯到2012年前后。当时，面对经济新常态及互联网金融冲击，国有大型商业银行开始认识到金融科技的重要性。经过近10年的深耕和发展，国有大型商业银行数字化转型蓝图初现。

（一）业务数字化全面铺开

初期，银行的数字化探索主要是在零售业务端，因为零售业务具有天然的大数据应用场景。但随着数字化探索的深入，国有大型商业银行在零售业务端进一步深化，对公服务和资金业务条线也取得了大幅进步。例如，中国建设银行推出个人手机银行5.0版，持续为理财类客户、老龄客群、年轻客群及乡村客户提供有针对性的服务和主题专版，差异化、精细化服务已经落地。对公服务方面，除推动网银出海外，中国建设银行还从企业便捷性出发，在线

上平台新增"建行发票""跨境 e 汇"等功能和业务。资金业务方面，大财富管理平台 1.0 版成功上线，对内上线客户经理、客户直营和投研投顾三大工作台，赋能一线经营团队；对外全面融合手机银行"龙财富"和投资理财频道，培养客户资产配置意识。截至 2021 年末，中国建设银行平台财富体验访问客户达 3529 万名。

(二)场景生态进一步丰富

过去几年，银行对场景生态的布局主要是基于既有业务的线上覆盖。目前，国有大型商业银行已经理解了数字化生态的内涵，开始从线上、非金融活动中探索以客户为中心的生态体系。中国建设银行推出了"智慧政务""智慧工商联""建行生活"等诸多非金融平台，并通过非金融服务，开始形成各类生态场景循环。截至 2021 年年末，"建行生活"App 实现全行 326 个城市推广面客，平台累计注册用户突破 3500 万名，日活跃用户 213 万名，累计上架 16 万家商户门店，日均新开数字信用卡上万张，相当于 3000 多个网点的产能。国有大型商业银行能力较强，尤其是随着数字人民币的试点推广，不断拓展银行数字生态的场景外延。2021 年末，中国建设银行对公钱包数、对公落地场景数、当年累计交易金额等多项指标排名同业第一位；个人钱包总数、商户门店数等指标居同业第二位。

(三)管理数字化开始起步

一般而言，管理数字化比业务数字化难度大，涉及内部流程、体制机制的转变。管理数字化是数字化转型的更高阶段。目前，国有大型商业银行的管理数字化已经起步。例如，中国建设银行已经开始将机器人流程自动化(robotic process automation，RPA)技术嵌入业务场景与流程，提升网点日常运营及管理的自动化和智能化水平。截至 2021 年 12 月末，中国建设银行 RPA 完成 760 项应用上线，累计运行应用 1162 项，全年节省工时 271 万小时。部分金融市场的业务实现交易流程线上化，提高了交易自动化处理能力，也减轻了交易员线下操作的负担。相对于业务管理，国有大型商业银行在风险管理方面的数字化步伐走得更快。一方面，风险领域对模型、数据的应用较早，数字化基础较好；另一方面，外部风险日益复杂，要求银行采取更高效的数字化手段来防控风险。中国建设银行已经开始探索资产质量可视化、成本核算精细化、风险监测自动化等管理系统的构建工作。

(四)对外合作共享站位提升

数字化的特点就是共享、互赢。银行数字化也依赖用户数字素养和金融素养的提升。国有大型商业银行在资金、人才、能力等方面的实力都较强,数字化进程也大幅领先于金融同业者,但各项技术需要从更广的场景应用中不断迭代升级。因此,中国建设银行提出了科技对外赋能的思路。截至2021年末,中国建设银行已累计向1027家中小金融机构提供“慧系列”风险工具,输出智能化和数字化风控技术,推动风险共治;同业合作平台已与2916家金融机构建立合作关系。几家同业大型商业银行也开始全面引入中国建设银行的核心业务系统。客观来说,这也是国有大型商业银行承担社会责任、推动整个行业数字化转型发展的体现。

整体而言,国有大型商业银行的数字化转型已经迈过了业务线上化阶段,对数字化的理解也已经渐成体系,进入了生态化、智能化阶段,业务遍及社会生产各个领域,形成拥有数字技术落地最丰富的行业场景。国有大型商业银行数字化承担着促进金融供给侧结构性改革和推动数字经济发展的双重使命。

二、国有大型商业银行数字化转型面临的挑战和问题

(一)国有大型商业银行数字化转型面临的两大挑战

工业革命催生了以股东资本主义、公司制、股票为核心的传统资本市场体系;数字革命正在催生以利益相关者资本主义、去中心化自治组织(decentralized autonomous organization, DAO,一种智能合约)、Token(一种数字资产)为核心的数字资本市场体系。国有大型商业银行虽然是我国企业数字化转型的领头羊,但在金融体系全面变革的历史潮流中,银行的数字化进程仍然大幅落后于科技领域的数字化创造进程,且面临两大主要挑战。

1.组织形态离散化

企业组织的出现是通过集中化提升生产效率以应对规模化生产,但数字化使得生产可以无人化、分工协作可以线上化、管理工作可以数据化,企业实体形态存在的必要性大大降低。平台经济本身就在不断突破企业的组织边界。当前,一些制造业已经开启了这种模式:没有固定厂房,接到订单后,通过线上平

台实时组建设计团队，调动社会闲置产能，从而完成整个生产销售工作。数字化使得虚拟空间的连接比现实中的连接更加重要，银行也可能出现类似的趋势。同时，企业是一系列契约关系的集合，智能合约使得契约活动完全可以基于代码来组织完成。未来，银行企业形态虚拟化、组织活动代码化、员工临时化、业务分散化的特征可能会越来越明显。当然，还有一种可能是银行实质性的经营管理活动会被第三方服务替代，银行完全成为一个牌照通道。

2.经营模式去中心化

银行机构本身就是中心化的中介机构，但去中心化金融的出现，使得供需两端能够更加直接、高效地完成对接。在区块链、人工智能等数字技术的快速发展下，资金盈余方和需求方之间已经能够做到不需要借由金融中介机构，直接完成“点对点”借贷交易。去中心化金融(decontralized finance, DeFi)是在区块链的世界中打造一个平行于传统金融的金融体系，包括金融模式、金融工具、金融基础设施等，并通过代码来取代现有的中心化机构。当前，DeFi 已经成为虚拟空间金融活动的基本设计思路。虽然 DeFi 完全替代银行的趋势不会很快到来，但随着虚拟与现实的不断融合，银行需要从更长远的角度考虑自身的未来前景。

(二)评价数字化成功与否的标准

国有大型商业银行在数字化转型方面虽然取得了一些成绩，但数字化水平还不够高。目前，国有大型商业银行依托手机支付，在狭义的平台经济和零售金融方面做得较好，而在通用软件、公司金融服务方面仍存在明显短板。要评价银行数字化成功与否，可以参考以下标准。

1.数据资产成为银行经营管理活动的核心

数字化要使银行的数据从无序到有序，从有序到富含意义，从资源变为资产、资本。银行实现高水平数字化后，存贷款资金形成的资产负债表将不再是银行经营管理的核心。尤其是在将客户、岗位进行数据化后，业务的起点将是数据，管理工作的对象也将是数据。银行可能需要建立一套平行于资金的“数据资产负债表”，以管理银行与客户之间的数据关系。从经营模式上看，以数据为中心可能会替代以客户为中心的思路。银行经营能力的衡量标准也转变为数据资产的应用管理能力。在银行资产端，数据的内在价值将成为资产价值的核心因素。在银行经营过程中，抵押、担保等业务在解决信息不对称问题中的作用会进一步降低，银行资产结构将转变为以纯信用资产为主。当前，银行资产与房地产深度挂钩，未来银行资产将与数据深度挂钩，即数据成为银行资产的价值锚定对象。

2.金融服务与社会活动全面融合

金融是现代社会的枢纽。在高水平数字化阶段，银行的纽带或桥梁作用将不再明显。数字化使金融供给更加及时地组织起来，银行服务与各类社会活动融为一体，处处都是银行服务，所有的资金都在高速流动、循环。在此愿景下，银行的资产业务可能会被项目化，类似于资本市场，按项目实时进行资金的组织和支持，存款资金池的重要性将有所降低，银行将完成自身的去中介化。要实现金融服务与社会活动全面融合，最关键的就是做到数实融合，使银行服务的触角能够切实深入社会活动末端。这也意味着银行现有的组织边界和能力边界将被打破，自动化、智能化工具将大范围应用于需求触达、内部审批、风险管理、资金定价、顾问咨询等业务服务和决策管理中。面向未来，银行数字化水平的高低应当用活期资金的留存规模、员工被替代人数、服务从发现到完成的时长等来衡量。

3.数字化的根本是以人为本

如果人没有从数字化中获得更大的满足，甚至数字化成为一种使用负担或知识压力，那么无论数字技术多么领先，银行的数字化转型都是失败的。数字化应当惠及每个人，每个人都应当成为智能化社会的幸运者，而不是技术进步的淘汰者。数字化重新塑造了社会运行逻辑，全新的知识门槛有可能形成新的弱势群体，以人为本、科技向善应当成为数字技术发展的基本原则，也应当成为银行数字化转型的最终归属。当前，数字化在降低银行的服务成本方面已经初见成效，对于长尾客群的覆盖面较广，金融的普惠性和公平性得到彰显。银行完成数字化转型后，金融供给与需求应当高度适配，既不存在过度金融化，也不存在金融抑制。我国银行数字化转型目前还存在的问题是对数据应用的伦理规则重视不够，反垄断、电商公平税收、知识产权保护、隐私保护、数据公平等基础制度建设仍需要加快进程。

(三)国有大型商业银行数字化转型面临的现实问题

1. 技术基础仍有待夯实

国有大型商业银行在技术能力方面还有许多问题有待解决。一是基础数据跟踪处理能力跟不上。银行内部沉睡数据较多,对数据管理的精细化程度达不到数字化要求。企业级整合力度还有所欠缺,数据要素的价值未能真正发挥。未来,在各个产业链中获得的数据会是多源异构数据,数据管理要求会更高。二是前沿技术探索相对滞后。在近几年的数字化探索中,银行基本处于跟随、学习状态,如数据湖、中台建设等。前沿技术探索上的短板将影响技术应用的节奏和成效。在数据和技术驱动业务发展的趋势下,这一问题可能会较为突出。同时,许多银行手机 App 应用的评分都明显低于互联网企业平台,卡顿、断点甚至页面设计不符合用户习惯等问题较为普遍,技术能力不足已经影响到用户体验。

2. 激励约束机制需要同步优化

目前,国有大型商业银行考核激励机制的层级化特征非常明显,工作任务按照层层分解的形式传达到基层,条线管理与层级管理交织,基层任务负担较重。业务数字化实际上压缩了上下层级,打破了横向产品部门、业务部门、管理部门之间的界限,同时也存在一些岗位角色的挑战。因此,激励约束机制也要协同调整。数字化强调效率、关注创新,与论资排辈、"吃大锅饭"等传统机制相冲突。同时,基于以数字技术驱动未来银行发展的原则,科技必须直接面向市场和客户。对数字技术研发、应用的考核要与业务成效、客户体验挂钩,要让各类数字化平台中的操作流程来主导现有的业务流程,并形成以线上活动为核心的激励约束机制。国有大型商业银行也可能由此实现真正意义上的扁平化、敏捷化的组织变革。

3. 人才队伍建设是长期任务

与银行数字化转型相关的人才队伍建设仍处于起步阶段。数字化的核心是数字产品、数据挖掘、数据建模,背后依靠的则是人的数据素养。目前,在国有大型商业银行的人才队伍建设上,无论是数据建模能力、敏捷迭代能力,还是场景拓展能力、平台运营能力,都还无法满足银行深度数字化的基本需要。传统商业银行的员工构成中,具有数字化专业背景的人才占比不高,具有数字化经营经验的相对更少，人才队伍结构亟待调整。现实中，传统商业银行对数字化人才的能力要求和画像还不够清晰。近年来，国有大型商业银行加大了对科技人才的招聘和引进力度，但整体人才缺口较大。更进一步，技术人员的知识背景、行事风格有所不同，引进人才之后，如何分配也很关键。从长远来看，国有大型商业银行还需要形成一套完整的科技人才培养体系。

三、协同推动银行数字化转型

（一）银行数字化转型需要社会主体的多方协同

1. 对创新的监管应当更加协调

创新是企业的生命力，数字化更需要大量的创新活动。从微观上看，银行数字化转型使银行业务流程发生变革，过去的监管可能不再适应数字化的银行。从宏观上看，整个银行业推进数字化转型会使银行经营生态发生改变，即银行影响的外延发生变化，也会给监管带来一定的挑战。数字经济时代，监管的对象可能不仅包括机构，还包括各类平台；监管的规则和标准可能需要更加透明，以稳定市场预期；监管事项可能从以往单纯的金融活动变成算法、代码、数据的合规。银行数字化转型是大势所趋，尽管银行在将技术与业务进行更深层次融合的过程中可能会产生一些风险，监管也存在相对滞后的问题，但总的原则依然是在守住风险底线的前提下鼓励创新。我国数字经济方兴未艾，需要适应性监管来助力金融新业态、新模式的发展，行为监管和功能监管需要尽快完善。

2. 推动数据要素市场化

数据作为数字经济的关键资源，如何使其更好地发挥作用十分关键。当前，有的数据被滥用，消费者隐私得不到保护；有的数据处于沉睡状态，数据的价值有待挖掘。这两种状态反映了数据应用市场的混乱。因此，在未来的银行数字化转型中，数据要素的市场化可能是必由之路。与一般的生产要素不同，数据要素具有正外部性、产权模糊性、可衍生性、可复制性等特征，市场化的机制建设需要大量的创新创造。既然数据可以被转化为资产，数据提供者就不应当免费或被强制提供数据，与服务绑定的数据授权使用模式将难以持续。数据要素市场化后，有可能打破由互联网企业定义的数据使用规则及数据应用竞争格局，银行或将获得更佳的发展机遇。数据要素市场化的机制建设主体可以参照资本市场，要避免直接由互联网企业或社会资本把控数据要素市场的建设规则。当然，不同的行业，数据要素的特征、规律存在较大差异。如何判断相应数据的市场价值，极度考验监管部门的数据治理能力。

（二）国有大型商业银行需要面向未来进行有益探索

1.线上线下需要实现一体化

国有大型商业银行与互联网企业不同，拥有较为广阔的线下渠道。数字化转型必须考虑线下渠道的升级与协同，因此相对而言存量改革的任务较重。在线上场景平台发展空间不断收窄的背景之下，互联网企业又开始布局线下，“线上运营＋线下布局”或将成为数字化的最新趋势。国有大型商业银行网点一度被视为数字化经营的成本单位，但未来有可能成为银行在数字化竞争中的重要支撑。客观而言，人的现实需求不会因数字化而改变，即使发展到理想化的元宇宙程度，也仍然是线上运营、线下满足模式。因此，对银行而言，重点是如何改造线下渠道。商业银行可以按照数字化的理念，将只具有传统单一银行功能的网点逐步打造成具有广泛应用场景的线下平台，实现物理渠道数据实时采集、共享、分析，让线下渠道逐步成为线上经营中的一环，赋能线上经营，抢占线上线下一体化的新赛道。

2.探索行业级平台建设

国有大型商业银行在数字化转型方面做出的努力基本上都聚焦于自身的业务或客户，很少有行业级的创新应用出现，即银行数字化没有改变行业的经营模式或业态格局。在产业互联网发展的背景之下，行业级的互联互通将是必然趋势。银行同质化经营的竞争业态可能会很快被打破，并涌现出几家定义行业竞争新格局的银行。例如，花旗银行开发的小微企业服务平台，主要的搭建目标是在中小银行和小微企业之间建立联系，依靠自身经验和能力成为银行同业问题的解决者。而这正是我国国有大型商业银行需要承担的使命和责任。面向同业，可以考虑探索建立一个行业级的金融信息共享平台，替代现有的信息服务商，实现金融数据价值的重新归集和再分配，而区块链技术提供了现实的解决方案；面向客户，可以考虑统筹建立与客户信用绑定的交易信息共享平台及前沿技术开源平台，打通银行与产业、创新之间的信息壁垒，实现服务协同。

3.提早考虑数字伦理问题

数字伦理是数字化时代人与人之间、个人与社会之间的行为道德规范，也是银行数字化转型中应该自觉遵循的要求和准则。数字世界的伦理体系与现实社会不同，其更简单、直接，更容易突破人的心理防线。若放在社会文明进步的时间轴中，数字伦理可能决定了虚拟空间是否会成为社会、人类文明的一部分。国有大型商业银行的数字伦理不仅涉及隐私保护、算法公平等问题，如数字技术产生的“数字鸿沟”与金融抑制叠加，还有可能导致更加严重的金融不平等。面对用户，国有大型商业银行的技术应用要秉承大道至简的原则，降低使用的知识门槛；金融供给要充分匹配客群的金融素养，避免通过无感化诱导居民非理性负债、投资；数据使用、算法规则要具有一定的透明性，让用户能够感知数字技术发展的合理性和科学性。根本上，银行要保持以人为本的初心使命不动摇。

数字经济背景下的社会价值分配逻辑有其独特性，数据和技术发挥了更大的作用。当前，全球经济金融格局快速演变，数字技术发展水平已经成为国家竞争力的重要标志。国有大型商业银行应当放眼世界，加速转型，争当金融数字化的排头兵、先锋队。

第四节　实施银行业保险业数字化转型战略

数字经济是全球未来的发展方向。以大数据、人工智能、云计算、区块链等为代表的数字技术正全面渗透到经济社会发展的各个领域。数字技术的快速演进与普及推广也为银行业、保险业数字化转型提供了强大的科技驱动力。数字化转型已成为我国银行保险机构积极顺应数字化潮流、把握数字化机遇、推动金融服务高质量发展的重要举措。

一、银行业、保险业开展数字化转型重要且紧迫

开展数字化转型是适应我国发展新的历史方位、全面贯彻新发展理念的重要举措。加快数字中国建设，就是要适应我国发展新的历史方位，全面贯彻新发展理念，以信息化培育新动能，用新动能推动新发展，以新发展创造新辉煌。

党的十九届五中全会和“十四五”规划对“打造数字经济新优势”做出了专门部署，提出“迎接数字时代，激活数据要素潜能，推进网络强国建设，加快建设数字经济、数字社会、数字政府，以数字化转型整体驱动生产方式、生活方式和治理方式变革”，明确了数字化的发展前景和目标。在新的发展阶段，银行业、保险业开展数字化转型，是建设网络强国、构筑数字化时代竞争新优势的必然要求，也是构建新发展格局、打造高质量发展新引擎的现实需要。中国银行保险监督管理委员会（以下简称“银保监会”）高度重视银行业、保险业数字化转型工作。2019年底印发的《关于推动银行业和保险业高质量发展的指导意见》提出，“坚持科技赋能，转变发展方式，为银行保险机构创新发展提供有力支撑”①。郭树清主席在参加2020年金融街论坛年会时表示，“所有金融机构都要抓紧数字化转型”；他在2021年银保监会工作会议上再次对银行业、保险业数字化转型、提升金融科技运用水平提出了“以市场为导向，鼓励金融创新和科技赋能”的要求。

开展数字化转型是提升金融服务实体经济能力和水平的重要抓手。近年来，不少银行保险机构结合自身发展战略，以服务实体经济为主线，以客户为中心，应用现代科技成果推进数字化转型，充分发挥大数据、云计算、人工智能、区块链等科技优势，构建新生态、服务新领域、带动新增长，取得了一定的成效。金融业务全面线上化，金融服务变得随时随地触手可及，金融机构能够为广大群众和小微企业提供更充分、更优质、更高效的金融服务，进一步促使普惠金融真正落地。

开展数字化转型是适应金融市场变化、提升银行保险机构竞争力的战略要求。金融科技在提高金融服务水平和经营效率的同时，也在不断创造新的金融产品和业务模式，从而改变了支付、信贷、投资等领域的竞争格局。随着金融服务渠道和产品的不断丰富，客户对金融服务选择的自由度大幅提高，客户需求更加个性化和差异化，且更加注重服务体验。越来越多的金融交易与客户消费或生活场景相关联，大量客户数据由提供此类场景的平台企业掌握，银行保险机构原有的信息优势被弱化。在新的市场环境下，来自同业和跨业的竞争压力

① 中国银保监会.关于推动银行业和保险业高质量发展的指导意见[J].中国金融家，2020(1)：4.

增大，客户黏性降低，银行保险机构在服务场景、资金成本、客户信息等方面的传统优势被削弱，盈利空间受到挤压。银行保险机构必须根据自身特点和定位，研究制定并实施有效的数字化转型发展战略，以适应新的竞争环境。

二、当前银行业、保险业数字化转型面临的主要挑战

近年来，不少银行保险机构采取了多种措施推进数字化转型，包括加强顶层设计，成立数字化转型委员会，研究转型战略、规划和实施路线；通过移动互联、生物识别、人工智能等技术拓宽服务渠道，将金融服务嵌入客户生活、工作场景，以满足客户个性化、便捷化的服务需求；通过大数据等技术，加强对数据信息的挖掘应用，优化业务流程，大幅提升业务控制和风险管理效率，降低运营成本；通过分布式、云计算等技术，搭建随需而变的基础设施；通过统一技术平台、组件化管理、敏捷开发模式，大幅提升系统开发和应用交付能力等。为此，银行业、保险业应持续加大科技资源投入。2021 年，全国银行保险机构信息科技资金投入超过 2700 亿元，同比增长 12%；信息科技人员数量超过 16 万人，同比增长超过 10%。但在转型过程中，也有不少机构走了弯路，转型效果不佳。从目前情况来看，银行业、保险业数字化转型主要面临以下挑战

（一）传统经营理念和管理体制不适应数字化转型的需要

部分机构缺乏自上而下凝聚共识、统一规划的数字化转型战略，缺乏对转型方向、目标、路径的统一认识。部分机构还没有从根本上扭转同质化的经营思路，为了转型而转型，简单抄袭同业经验，成果投产转化率和渗透率偏低，造成一定的资源浪费。部分机构数字化转型只是单纯地将传统金融业务线上化，寄希望于合作公司的“客户引流”，未建立或发掘自身市场优势，转型效果不明显。部分机构存在业务与 IT 建设“两张皮”现象，科技部门与业务部门对数字化的理解不同步，难以有效衔接。部分机构组织架构、协调联动机制、产品创新机制、考核激励机制等还不能适应数字化转型的需要，导致战略规划落空，或者在执行中走偏。

（二）业务架构、数据架构、科技架构无法满足机构数字化转型的需求

比较突出的问题是，相当数量的机构信息系统重复建设，竖井式开发方式比较普遍，无法满足业务数字化的敏捷需求。部分机构科技投入不足，难以满

足数字化转型基础建设的需要。部分机构过度依赖科技外包，沉淀技术和数据资产的能力严重不足。

(三)数据治理存在缺陷，海量信息难以有效转化为数据要素

不少机构数据标准不统一，缺乏有效整合，数据碎片化和数据孤岛问题突出，无法充分发挥数据价值。部分机构数据安全保障能力不足，部分机构采集的数据质量不高，挖掘信息的技术不强，整合外部数据的能力不足，海量信息难以有效转化为数据要素。

(四)数字化人才尤其是复合型人才短缺

数字化转型需要构建与之相匹配的强大人才队伍，尤其是要培养一批具有互联网思维、掌握数字化技能、拥有金融知识和大数据分析能力的复合型人才。数字化创新人才的储备和培养需要资源和时间，不可能一蹴而就。目前，我国银行业、保险业整体上还面临金融科技人才尤其是复合型人才稀缺的问题。

与此同时，在新的市场环境下，银行保险机构面临的战略风险、信用风险、流动性风险、操作风险、法律风险等都发生了显著变化，对银行保险机构数字化转型形成了新的挑战。例如，在战略风险方面，面对新的竞争形势，机构战略转型最常见的风险就是转向以往不熟悉的高风险业务，而自身并不具备相应的风险管理能力。在信用风险方面，越来越多的银行保险机构将尽职调查和客户筛选过程自动化、模型化，使用者很难准确定位数据输入和结果之间的因果及决策逻辑关系，从而形成技术“黑箱”。部分机构过度依赖第三方平台的导流、助贷，甚至将授信审查、风险控制等核心环节外包，从而弱化了自身的信用风险管理能力。在操作风险方面，银行保险机构正在自身价值链的不同领域与大量金融科技企业开展合作，与第三方合作公司的关系已经从简单的外包关系发展为多层面、多类型的关联交互关系，可能导致合作方的操作风险直接传导至银行保险机构。同时，随着金融业务的线上化、开放化程度不断加大，网络安全的风险敞口增加，数据管理和保护的难度加大。

三、强化顶层设计，稳步推进数字化转型工作

银行保险机构应当主动把握数字化创新变革趋势，立足新发展阶段，落实新发展理念，坚持以人民为中心的发展思想，加强全局谋划、战略布局，协同推进变革，大力提升业务能力、数据能力、科技能力，久久为功，稳步实施数字化

转型。

（一）加强数字化转型战略规划，明确自身风险偏好与数字化转型之间的关系

数字化转型是银行保险机构经营管理的深刻变革，涉及业务模式、组织架构、管理机制流程、人才队伍、信息科技架构等多个领域的协同调整，是一项系统性工程，需要顶层设计、统筹规划、持续推进。银行保险机构应当根据自身定位，科学制定数字化发展战略，紧紧围绕服务实体经济这一根本目标，将数据作为关键生产要素，充分应用金融科技，创新金融产品、经营模式、业务流程等，提升市场竞争能力、风险管理能力和金融服务水平；同时，明确自身风险偏好与数字化转型战略之间的关系，在推进数字化转型的过程中牢牢守住风险底线。

（二）根据客户需求积极推动业务模式转型，增强金融服务可得性

充分利用金融科技，拓展产品营销和服务渠道，增强金融服务可得性，提升客户体验。积极支持国家重点区域、战略性新兴产业、先进制造业和制造服务业发展，围绕重大项目、重点企业和重要产业链，建设产业金融服务平台，为产业链上下游企业提供更优质的金融服务。地方中小金融机构应立足地域优势发展特色业务，主动对接当地经济发展战略，推进产品和金融服务模式创新，走特色化金融发展道路。农村中小金融机构应坚持服务县域、支农支小的市场定位，把更多金融资源配置到全面推进乡村振兴重点领域，加快推动农业现代化。同时，加强智能应用适老化改造，不断改善老年人服务体验，让老年人在数字化发展中更有获得感、幸福感和安全感。

（三）构建与数字化战略相匹配的组织架构和机制流程

积极探索组织架构创新，以价值创造为导向，在机构内部加强跨领域、跨部门、跨职能横向协作和扁平化管理，组建跨业务条线、业务与技术相融合的共创团队，建立新产品、新业务、新模式的孵化机制，增强快速响应市场变化、创新产品服务和持续迭代优化能力。

（四）加强数据能力建设，切实提高数据治理水平

银行保险机构应当树立把数据作为核心资产的经营理念，挖掘数据潜能，激发数据活力，使大数据成为推动银行保险机构高质量发展的新动力。优化数

据治理架构,确立企业级的数据管理和数字化应用推动部门,发挥数据体系建设和组织推动作用。充分发挥数据标准对提升数据质量、打通数据孤岛、释放数据价值的重要作用。运用大数据技术全面整合内外部数据,建设具有高效数据服务能力的数据中台,加强数据资产管理。建立健全数据治理体系,形成以数据认责为基础的数据质量管控机制,完善考核评价体系,强化数据治理检查、监督与问责。

(五)积极稳妥推进技术架构转型,加强基础设施建设与资源供给,构建稳健灵活、可拓展、高可用的科技平台

通过分布式架构重塑基础设施,打造可扩展性强、处理效率高、容错能力强的技术中台。优化应用架构,打造企业级、平台化的业务中台,实现传统竖井式架构向业务中台转型,推进标准化、模块化的产品、业务、流程建设,为前台业务的灵活扩展和快速创新提供支持。同时,积极稳妥地推进新技术应用和关键技术自主可控。

(六)大力引进和培养数字化人才

积极引进和培养既懂金融业务又懂数据和科技的复合型人才,重点关注数据治理、架构设计、模型算法、大数据、人工智能、云计算、网络安全等专业领域人才的培养。加强高端核心人才引进、培养和激励机制建设,强化对领军人才和核心专家的激励措施,加强科技人才梯队储备。

(七)构建安全可靠、合作共赢的金融服务生态

围绕客户全生命周期需求,与科技公司、互联网平台等不同领域的企业依法依规开展合作,优化拓展服务场景,强化业务控制和风险管理能力,提升市场竞争力。同时,强化系统集成能力,加强内外部资源整合,统筹规划金融产品服务内容和流程,建立健全面向开放生态的技术架构体系和敏捷安全的平台管理机制,对金融服务价值链中的关键活动进行有效管理和协调。

(八)加强数字化转型过程中的风险管理

加强战略风险管理,防止因战略定位和经营目标选择错误而承担过度风险。建立健全业务审批流程,对新产品、新服务及新业务渠道的合规性进行审查,评估范围应覆盖消费者权益保护、数据安全及客户隐私保护、合规销售、产品及服务定价、反洗钱及反恐融资等方面。建立有效的业务变更管理流程,对

新产品、新服务及新业务渠道带来的技术和业务逻辑变化进行评估，针对相应的风险制定专门的管理策略。操作风险的评估与管控框架应符合新经营环境中开放式价值链的风险特征。建立新技术引入安全风险评估机制，加强技术风险管理。此外，关注信贷管理中的数据风险和模型风险，定期对模型数据的来源、准确性及充分性进行评估，定期评估模型的预测能力及在不同场景下的局限性，确保模型的可解释性和可审计性。

新一轮科技革命的加速演进，为经济高质量发展提供了新动能，同时也在深刻改变金融业的竞争格局和经营生态。银行保险机构应当抓住金融科技提供的新机遇，加强顶层设计与统筹规划，积极稳妥地推进数字化转型，通过变革金融服务方式、降低金融服务门槛、提升金融服务质量和效率，推动金融服务高质量发展，为加快推进数字中国建设、打造数字经济新优势做出应有贡献。

第五节　银行数字化转型:对公业务与内部管理新课题

银行数字化转型的目的是更好地提供银行服务以及更有效地创新银行业务，不是为数字化而数字化，更不是技术创新。因此，银行数字化转型，一定是数字技术围绕业务进行的，只有深刻地理解新形势下银行业务的发展趋势，才能实现有效的数字化转型。

同样是提供汇兑和存贷款服务，早期中国的银行替代票号和钱庄，它们并未进行直接的竞争，依靠的不仅是技术，更为关键的是银行在业务上进行的创新。首先，银行突破了客户的局限。票号主要用于办理汇款业务，为政府与富人服务，基本不面向一般民众；钱庄办理存款、贷款和兑换业务，严格以富人和官员为服务对象，可以说是熟人业务，办业务只认人，不管资金用途。银行则把业务扩展到一般百姓和工商企业。其次，银行创新了业务模式。银行吸收存款，并且广泛吸收普通人的储蓄存款，个人存一元钱就可以开户；普遍开办抵押贷款，对企业生产经营进行风险评估。最后，银行集票号与钱庄的功能于一身。银行这样的创新，不仅给自身创造了发展机会，更是改变了借贷的社会经济功能，极大地促进了社会经济的发展。传统上，借贷的功能主要是调剂资金上的临时余缺，最多是商人出门做生意借款作为经营本钱。银行这样的创新，在突破熟人社会局限的同时，也让社会扩大再生产突破了积累的局限，加快了社会生产的发展。之后股权融资的产生，更是加快了投资的发展。

就当时的科学技术而言，电报和电话也可以说是金融科技，票号、钱庄并不是没有能力应用。就人才而言，各家银行除了行长大多数是“海归”，其他人才都是从钱庄挖来的。关键在于，票号和钱庄，包括当时在华的外资银行，都没有关注现代科学技术冲击下中国新兴的现代工商企业和城市居民，也没有去研究相应的业务模式和风险控制模式，而当时新兴的华资银行做到了。票号和钱庄很快就因为它们所服务的对象和业务被历史的洪流淹没而衰落以至于彻底消失。由此可见，银行并不是因为叫“银行”(bank)才取代票号和钱庄的，而是因为创新服务模式、服务代表未来经济发展方向的客户而发展壮大的。

我国第三方支付的蓬勃兴起，并不是因为相关公司有技术，而是因为它们发现了在互联网技术条件下网上交易的支付需求。当时，银行也关注到了这个需求趋势，并且有技术能力满足这样的需求，但由于种种原因没有实施。第三方支付的基本原理，就是第三方支付公司用自己在银行的公司账户为用户建立一套子账户系统，应用这个子账户系统为用户之间的支付进行记账结算。操作这个系统，可以利用互联网技术，也可以利用电报、电传、电话技术，甚至可以通过邮寄信件、票据传递来实现。在网上交易的场景中，利用数字技术当然就是顺理成章的事。

客户体验是产品创新的最后环节，或者说是产品的外包装。没有内容的创新，外包装终究只是花拳绣腿。近年来，金融科技领域的许多伪创新，就是因为只有花拳绣腿，风光一时即黯然失色。在经济新常态下，银行数字化转型必须直面银行业务的新问题，通过解决新问题，最终提供良好的客户体验。客户对银行业务的体验，并不局限于在网上办理业务的过程中，更在于银行业务帮助客户解决生产、经营和生活问题的能力。例如，存取款方便是体验；存款的安全性、存款期限的设置、存款利率、利息的计算方式、利息的支付方式等，是更丰富、更实质的体验。贷款审批的快与慢是体验，但对客户来说，贷款方式、贷款金额与期限是否符合经营与生活需要、贷款的使用与还款方式、贷款利率、利息的计算方式和支付方式、贷款的制约条款、在贷后管理中银行对客户经营的帮助等，才是客户真正需要体验的内容。

当前银行数字化转型中面临的业务问题主要有两个方面：一是面向客户端

的问题，二是银行自身经营管理的问题。

一、数字化转型之对公业务新课题

关于银行数字化转型中客户端的问题，这些年银行在个人业务和小微企业业务方面有了比较多的探索，不能说非常成功，但成效是显著的。但近年来，在支持实体经济方面，银行依然感到困难重重，原因是银行面临的经济环境出现了许多新变化和新问题。银行旧有的业务模式，特别是风险管理模式不适应这些新变化和新问题。新问题意味着未来改进的方向，数字化转型只有解决面向未来的问题，才有可能成功实现数字化转型。银行客户端的业务问题，本质上是风险识别与管理。

（一）传统风险评估方式已经不能适应企业形态的变化

银行对企业的信贷风险评估模式，是建立在单个生产企业基础上的，并随着企业形态的变化不断丰富发展。随着企业发展为集团，便有了集团授信。但风险评估的基础还是单个企业，企业集团被看作一个同质的整体。目前企业集团的形态复杂多变，原有的风险评估方式或模型已经不适应新的情况。

目前许多企业集团的组成形式多样，集团下有分公司和子公司，有上市公司和非上市公司，有全资子公司、控股子公司、参股公司和合作公司等。传统的企业集团，往往从上到下，包括子公司、孙公司等，都是全资的，可以说就是"一家人"。在风险评估中，完全可以把它看作一个整体。但现在的企业集团，一方面必须把它看作一个整体，另一方面又不能完全把它看作一个整体，即不能把个体单纯地看作整体同质性的一部分。在这种情况下，单纯依据企业集团的财务数据确定一个集团的授信额度，再将这一额度简单地分解给下属分公司、子公司，显然过于粗放了。

如何评估一个企业集团整体的风险？需要哪些数据？如何获得这些数据？如何确定这些数据之间的关系？在一个集团中，有些子公司、分公司在业务上与集团具有强关联性，它们的风险也与整个集团具有强关联性；有些子公司的业务与集团整体经营关联性较弱，甚至没有关联性，子公司出现风险，不一定会对集团产生影响。如果是强关联性，则集团或集团其他成员经营出现风险，必然会影响子公司的经营；如果是弱关联性，甚至无关联性，则集团或集团其他成员经营出现风险，不一定会对这个子公司的经营产生影响。这些情况在不同的企业集团有不同的表现，可能没有统一的标准，但需要找到一些基本规律。在这个基础上，应用适当的数字科技，收集数据，建立针对不同企业集团的风险分析模型。在分析整个集团风险的同时，又能分析每个集团成员企业的不同风险。

现代企业集团，不仅组成结构复杂，而且地域分布广泛，有不少企业集团是全球布局。不同区域的文化环境、法律环境不同，企业经营的风险也就不是财务报表所能完全反映的，需要进行广泛的数据收集和整理，以分析跨区域的各类风险。

企业集团是动态变化的。企业并购市场的出现，使得企业集团的发展不再是自我生长式的扩大，而是可以在自我生长的同时通过并购来迅速发展壮大，有并购就有出售。这就带来了企业集团边界的不稳定性。有一位在基层银行工作的朋友谈到他的烦恼：银行有一个非常好的长期客户，是一家集团的子公司，业务稳定，信贷额度及对银行的贡献度都占了比较大的比重。最近，这家子公司被出售给了另一家企业集团，但总行对这家新的企业集团没有集团授信，这意味着必须收回对这家子公司的贷款，待总行对这家企业集团进行集团授信后，再评估对这家子公司的授信。实际上，这家子公司当时除了股东变更，其他经营管理等都没有变。

这个案例反映了目前银行在企业集团风险管理中还没有考虑的几个问题。

①对集团边界变动的风险管理。授信合同中应该如何约束企业如此重大的变化？银行是否应该参与到收购与出售的谈判中？如何安排收购与出售过程中相关授信敞口的过渡安排，以确保授信敞口的安全？等等。

②对收购与出售本身的风险评估和管理。以前有少量的并购贷款，一般评估是从并购方企业集团的角度，对被并购项目或子公司的投入产出及并购后对收购企业集团的协同效应进行评估，总体上还是有很多欠缺，没有比较成熟的模型。但对出售项目或子公司的企业集团，却没有风险评估的概念。例如，一家企业集团出售某个项目或子公司，其目的何在？会给集团本级带来哪些影响？被出售的子公司在整个集团的产业布局中处于什么地位？会给集团其他成员的经营带来哪些风险？银行如何调整对该企业集团的风险策略？

③对被并购项目或子公司本身由于并购而可能产生风险的管理。对被并购的项目或子公司来说，虽然项目还是这个项目，子公司还是这个子公司，但新

股东对它的策略与原股东肯定是有所不同的，它在新的集团中的地位和作用也与在原集团中不同，更何况新股东一般还会调整它的经营班子。因此，银行对这家子公司的风险策略也需要及时进行调整。

以上这三方面的风险管理，都需要收集不同于以往风险评估的数据和信息，需要建立不同于一般情况下的授信风险管理模型。

关于集团的动态边界，还有一个更复杂的情况，就是并购或股权交易给子公司的股权结构变化带来的风险。要应对这一情况，需要收集更多的信息和数据，建立更加复杂的分析模型。

（二）一些新兴产业的投入产出规律不同于传统第一、第二和第三产业

随着包括数字科技在内的新兴科技的发展，涌现出许多新兴产业，如动漫产业、文化传播产业、康养产业、科创产业等。这些产业的投入产出有其自身的特殊规律，目前银行还在探索阶段。

以动漫产业为例，在投入时，无法预测某部动漫作品的票房价值。人们不知道在国产动画片《喜羊羊与灰太狼》成为国漫主流的同时有多少失败的动漫作品。而《喜羊羊与灰太狼》在成功之前，也没人能想到它会成为一部爆款动漫作品。动漫的单个作品如此，对一家动漫企业同样无法用传统的方法评估它的风险。动漫企业的团队管理能力，并不能保证其所有作品的平均市场成功率；同样，其主创人员的创作水平并不等于他们所创作的作品的市场前景。以科创产业为例，虽然大多数科创企业也生产产品，也是生产型企业，但与传统生产型企业最大的不同是，它们从技术、设计、生产到市场，都是新的，甚至都只是概念和故事。传统生产型企业虽然也有新科技、新产品，但一般研发和生产经营是分开的，研发的技术和产品只有达到了相当成熟的程度，并且经过充分的市场调研和评估，才会正式进入生产领域。这时，银行对企业新投入的风险评估也有了基本的依据。而现在的科创企业，往往只有一个技术概念或一项科研中的技术，今后的应用领域还处于想象阶段。对银行来说，没有任何可以进行投入产出可行性研究的依据。许多银行尽管推出各种抵押担保方式对这些企业给予积极支持，但终究对项目本身或者说第一还款来源没有把握。

这类企业还有一个特点，那就是大多数管理团队缺乏经营管理能力。这也是银行在服务这类企业时感到非常困惑的一个方面。

银行支持企业，是用客户的存款发放贷款，首先要保证的是客户存款的资金安全，所以收回贷款本息是第一要务。同时，银行也很清楚，这些新兴产业是经济未来的发展方向，银行必须积极为它们提供有效的服务，才会有银行自身的未来。这需要从两个方面来考虑。

一是寻找针对这类新兴产业的新的风险评估方式，发现能确认其第一还款来源的强相关数据和信息，探索这类企业成功与失败的规律，从而建立相应的风险评估模型。

二是创新服务模式。大多数新兴产业在初创时期确实不适合用信贷方式进行支持，那么银行是否可以探索一种既不同于信贷，也不同于投行的服务模式呢？在可见的将来，我国金融体系依然以银行为主体，那么支持和服务代表未来经济方向的新兴产业，就不能没有银行的力量。因此，银行应该大胆创新金融服务模式。

银行这两方面的创新，都需要借助数字科技的作用。

曾经有一段时间流行投贷联动，对这类企业有一定帮助。但是有一个问题：投和贷是两种不同性质的产品，在联动过程中，尤其是在遇到风险时，投和贷之间的风险隔离问题怎么解决？

我国之所以要重新规定金控公司的运作规则，对金控公司制定一系列风险隔离要求，原因就在于此。因为金控公司可以协调不同的金融业态，可以进行投贷联动，甚至保险等都可以互相协调，但存在道德风险问题。当“投”出问题时，为了掩盖问题，银行有可能用“贷”去弥补，这种风险会越来越大。美国总是在银行的混业经营和分业经营之间摇摆不定，就是这个原因。

（三）新商业模式和新上下游关系，既给风险评估带来了挑战，也给业务创新提供了机会

以计算机和互联网技术为代表的数字科技发展迅速，在发展过程中产生了许多新商业模式，改变了传统的企业上下游关系。传统的企业上下游关系，是一种买卖关系，银行服务企业，对企业进行风险评估，基本上就是服务单个企业本身；风险评估也是评估贷款企业本身的风险，无须考虑上下游企业的情况。可以说，银行对产业链上下游企业的服务是割裂的。新商业模式下形成的新型上下游关系，是各种共生、共存、共发展的场景关系，给银行的服务和风险评估带来了全新课题。

随着万物互联、人工智能、虚拟经济的发展，经济活动将更多地以平台为中心展开，可能会有相当一部分经济活动在纯粹的虚拟现实中运行。这些场景又会产生什么样的新商业模式？会有什么样的金融需求？银行如何进入这样的场景提供服务？这是银行未来的发展机会。只要是经济活动，就会有经营风险、交易风险和市场风险，银行需要去识别些风险，并在认识这些风险的基础上创新服务模式和产品模式。

在万物互联下的数字经济，各类数据的产生与获取会更加容易和丰富，银行需要识别与风险高度相关的数据，并且在这些数据中识别与风险有因果关系的数据。一般来说，数据具有评价、标签、说明功能，但数据本身不具备信用属性。只有当数据或数字资产实现证券化，具有法律意义上的权属和流通市场，数据才会有信用属性，对借款人还款具有强约束力。这是银行在数字化转型中提供数字化金融服务的基本原则。

在运用金融技术对数据进行金融化改造、赋予数据信用属性的同时，银行要为平台经济、供应链经济创造“融资＋支付”的高效服务模式。在这种模式下，银行并不是机械地、平行地为平台或供应链上的企业同时提供融资，而是根据物流、数据流和资金流的运行状态，在支付结算的同时提供融资，以期最大限度地提高资金的周转速度，降低整个平台或供应链的融资量和融资成本。必须看到，降低企业融资成本不是靠银行降低贷款利率就能解决的，贷款利率是由市场供求关系和借款人的风险评级决定的，不是数字技术和银行能决定的。只有通过提高资金使用效率来降低借款人的融资量，才能有效降低融资成本，改善企业资产负债表。这是银行在数字化转型中提供数字化金融服务的基本要义。

平台经济同时也是零售金融和公司金融的交互平台，这也是银行在数字化转型中需要着力研究的一个重要方向。在这方面的创新，反过来对目前已经在数字技术应用方面有较大进展的个人金融业务、小微企业金融业务有更大的促进作用。

关于在数字经济条件下提供数字金融服务，还有一个需要探索的重大课题，那就是在一个平台、一个供应链或一个集群中，多家银行如何共同合作提供服务。可以想象，今后会有各种各样的数字化平台，不可能只由一家银行为平台上的所有参与者提供服务。在平台上，各家银行在竞争的同时，在资金流、物流、数据流各个环节的有效配合，是提高整个平台运行效率的重要保障。

(四)金融生态变化一方面对银行形成了竞争压力，另一方面增加了评估企业资产负债风险的难度

我国多层次金融体系的发展，使企业融资渠道越来越丰富多样。就宏观市场占比而言，对商业银行的信贷市场形成了挤压效应。但就业务总量和市场机会而言，银行业务创新和发展的空间更大。首先，社会经济总量在增长，银行的信贷总量也在相应地增长。其次，商业银行除了信贷投资，也有其他资产的投资机会。再次，由于多层次金融市场的需求，各类衍生品等金融市场业务空间巨大。最后，商业银行增加了服务非银行金融机构的机会。

企业有了更多的融资渠道，这在一定程度上减轻了银行信贷的压力，但也增加了银行评估企业经营风险的难度。

在只有银行单一融资渠道的情况下，企业的负债包括银行贷款、应付款和预收款三大项。银行评估企业经营风险和财务风险的方法非常简单，主要就是分析报表。后来银行多了，竞争越来越激烈，就要适当分析企业多头借贷的错配风险。对于许多民营企业，还要调查它们的民间借贷风险。范围再扩大一些，还要评估企业或有负债的风险，如信用证、保函、为其他企业和个人提供的担保等。

在存在多种融资渠道的情况下，企业的负债除了上述几项，还有债券、信托贷款、资产证券化融资、各类信托计划形成的负债等。不同的负债不仅有不同的期限，与资产形成了错综复杂的错配结构，而且有不同的债权债务规则和风险规律，形成了负债结构的风险错配。以债券为例，同样是债务，债券与贷款的规律和风险有所不同。

债券是直接融资，从发行开始，在全市场上的信息就是透明的；贷款是企业与贷款银行之间的协议。债券是可流通的，发行上市以后，持有人是可以变化的；贷款的债权人一般情况下是固定的，即使有债权转让，债权人也是明确的。债券利率虽然按发行协议执行，但债券在流通中的价格随行就市，收益率会随之发生变化。债券价格的变动，虽然对发行企业本身的财务没有影响，但会即时影响企业的声誉和再融资能力、再融资成本，给企业的经营带来实质性影响。贷款利率始终按照贷款协议执行。当债务到期还款出现困难时，对于债券，无论是否找到所有债权人进行协商，企业已经违约；对于贷款，企业可以和贷款银

行私下进行协商。

股权融资，无论是上市前的各类股权融资还是上市公开发行，都有不同的规律和风险，都会对企业的经营产生严重影响。股价和估值的变化，有时是市场对企业经营变化的反应，有时则纯粹是对市场流动性、市场利率等市场风险变化的反应，但股价和估值的变化都会对企业的经营发展产生重大影响。股权虽然不是债务，投资人获得的是投资回报，但对投资人来说，股权投资试图在保证本金安全的前提下实现利益最大化。分红是收入，股权的溢价也是收入，从根本上来说投资人希望收回投资成本和利息。因此，对融资人来说，股权依然是债，是需要通过经营向投资人提供回报的。也正因为如此，一些上市公司为了维持股价，在勉力经营的同时，还要分散精力和资源做市值管理，有些上市公司因此负债累累。

银行原有的对企业资产负债风险的评估，主要是依据财务报表，涉及一些总量指标，如资产负债率、流动比、速动比、库存、应收款占比等。这些指标涉及各个资产和负债品种的风险，在银行传统的风险管理模型中并不存在。目前各家银行都会关注这些情况，但没有成熟的、规范的方法，因此其也是一个新课题，需要深入研究。例如，在负债中，各类负债是否需要有一种合理的比例结构？各类负债与资产如何匹配才是相对安全的？企业发行的不同评级的债券对企业经营及再融资有什么影响？企业债券市场价格及股价的变化对企业资产负债和经营有什么影响？这些就需要借助数据跟踪、数据收集、分析模型等，各类金融科技在这些方面可以大展身手。

(五)绿色经济发展提出的信贷风险新课题

绿色经济既是我国经济发展的战略，也是今后国际经济竞争的重要领域。我国提出了“双碳”目标，这是一项艰巨的任务，也意味着一个巨大的市场，银行在其中会有很多创新和发展的机会。

关于绿色金融，可能更多的是从道义和社会责任角度研究银行如何发展绿色金融，支持绿色经济和绿色产业。发展绿色金融虽然是银行的责任，但更是银行必须开拓的未来市场。绿色经济和数字经济一样，都是未来经济的发展方向，银行只有服务未来经济，才会有自己的未来。

银行要提供支持和服务，首先要研究服务对象、支持对象的风险。关于绿色经济的风险，包括以下三个方面。

1. 绿色产业的风险

银行要支持发展新兴的绿色产业，首先要认识这些产业的风险，包括技术、成本、安全、市场、经营管理等风险。有些风险依然可以应用传统的风险评估模型，有些可能需要新的评估数据和模型，有些则需要在认识风险的基础上创新服务模式。例如，在碳交易领域，银行可以提供哪些产品和服务、如何提供这些产品和服务，都是需要认真研究的。目前发行的绿色债券、基金等，都还只是初级的，处在确认绿色产业、绿色项目阶段，对这些产业和项目风险的识别尚不充分，还没有形成成熟的风险管理手段。

2. 传统企业、行业的绿色改造和升级

形式上，这与传统的技术改造类似，但实质上是有很大区别的。技术改造是通过引进成熟的新技术，达到提高产量、提高效率、提高产品质量、降低成本、创新产品、完善生产环节或产业链等目的。可以说，经济目标很明确，投入产出的逻辑也很清晰。但绿色改造与升级则大不相同，在一定阶段，可能只有投入，或者产出不能通过投入直接测算。也就是说，企业经过绿色改造，生产的还是原来的产品，产量和市场也没有变化，即投入没有带来产出的变化。对这样的企业与项目，风险评估和管理的逻辑就需要改变。

3. 对银行自身存量客户与资产的绿色风险进行评估和制定风险控制策略

"双碳"目标的实现是一个过程，在这个过程中难免有一些企业被无情地淘汰，从而形成银行的不良资产。银行在支持新兴的绿色产业、绿色项目、绿色改造的同时，需要对现有的存量客户和资产进行动态、全面的绿色风险评估。在这方面要防止"一刀切"退出的粗暴方式，因为这不仅会给企业和社会造成损失，也会给银行自身造成不必要的损失。银行需要研究国家相关政策出台的节奏，对企业进行分类。例如，可以将企业分为近期可能触发绿色风险、中期可能触发绿色风险和远期可能触发绿色风险三大类，分别制定不同的风险管理策略，判断哪些企业可以在近期支持其进行绿色改造和升级，哪些企业需要及时退出。对于中期可能触发绿色风险的企业，要督促其有计划地进行绿色改造和升级，并持续监督；对于没有能力或没有必要进行绿色改造的企业，要制定退出策略。这项工作同样不是传统的风险管理方式能完成的，需要新的数据、新的分析逻辑和框架，有效而及时的数据收集和分析显得十分重要。通过技术手段，如智能合约等，对企业的绿色改造和升级等形成强制性约束，对绿色经济和绿色金融也有很大的促进作用。

二、银行数字化转型之内部管理新课题

银行数字化转型，是银行经营管理利用数字技术的全面转型。利用数字技术分析客户需求、客户风险，创新为客户服务的流程和方式固然重要，但这只是银行经营管理的一个方面。银行内部管理是银行经营管理的主要内容，更是服务客户的重要基础。从银行经营管理的角度讲，资产负债等内部管理才是核心和灵魂。

数字技术的种类有很多，包括大数据、云计算、人工智能等，具体功能各有不同，技术原理也不同，但体现的业务功能效果不外乎以下几种：更强大的数据抓取或收集能力、更强大的数据储存能力、更高效的数据分类整理能力、更高效的数据计算分析能力、更流畅安全的数据处理和业务执行能力等。这些技术能够被金融业务所应用，因为这些能力是统计分析的基本条件，而银行的经营管理正是建立在大量统计分析的基础上的。因此，数字科技在银行经营管理中大有用武之地，银行要进行数字化转型的根本原因也正在于此。

如何恰当有效地应用这些能力，不在于这些技术本身，而在于如何发挥统计等金融专业能力，将有关规则交给这些数字技术去处理。懂得业务，理解业务，认识不同技术的特性和局限，是数字化转型成功的前提。

自从大规模应用计算机技术以来，银行内部管理已经有了根本性改变，会计核算、报表统计等大量业务已经实现高度自动化。但也应该看到，这些自动化大多还是分专业、分条线的手工业务的自动化，还没有实现经营层面的智能化。40多年来银行业务飞速发展，银行内部管理对数字化转型提出了新的课题。

（一）资产负债经营格局变化带来的挑战

改革开放以来，我国银行业的资产负债表内容大大丰富。改革开放初期，银行的资金平衡表中有关资金来源和运用的主要内容就是存款与贷款。现在银行的资产负债表中，负债和资产都有许多类型，即使是资本，也有多项内容。银行的经营收入虽然依然是利差，但占比正在下降，并且利差不再只是存贷款利差。同时，在总资产中，贷款的占比只有50%左右。也就是说，银行的经营，

即使在总资产层面，也不再仅仅是贷款，更何况还有相当数量的表外业务。

《巴塞尔协议》及监管部门对银行提出的许多经营管理要求，即监管指标，大部分属于资产负债管理范畴。① 这些指标是对银行几百年来经营管理中出现风险的总结，既是对银行经营管理的约束，也是银行自身经营管理的内在要求。因此，监管指标不应该是银行经营中简单的事前计划或事后计算与调整的结果，而应该是银行经营管理的主动工具。实际上，如果将这些指标作为被动约束指标，往往会在调整中降低收益；而如果主动应用这些指标作为管理工具，则会在保证经营安全的前提下提高收益。

随着利率市场化、汇率市场化，金融市场瞬息万变，不仅会影响银行资金的流动性，也会影响银行经营目标的实现。如何在不影响服务客户和基层银行经营基本稳定的前提下，灵活调整资产负债结构，既规避市场风险，又确保经营目标的完成，将是一个全新的课题。也就是说，资产负债管理与以前的计划工作不同，既不是事前的规划，也不是事后的统计与考核。以前在年中有计划调整，实际上是对情况变化的事后承认，依然只是统计分析行为，而不是经营行为。而现在是要随着市场的变化，随时从经营的角度进行资产负债结构的调整，这是一项经营行为，是现代银行经营的核心。

正因为是经营行为，需要在统计分析的基础上制定经营决策。做出这样的决策，不仅统计分析的数据量大，而且市场瞬息万变，计算复杂，这正是大数据、云计算、人工智能等数字科技大展拳脚的地方，可以为这类复杂决策提供有效的工具。

1. 在日常流动性管理层面，需要实时分析系统

由于不同资产、不同负债的性质不同，其流动性规律也不同，再加上各家银行的客户结构不同，会形成各自的资产负债结构特色，所以实时分析系统不应该是进行简单的统计分析，而应该根据各银行自身的特点，形成最佳的资产负债结构模型，在保证流动性的同时，争取最大的收益。例如，在负债中，储蓄、企业存款、机构存款、同业负债、发行债券和大额存单等的品种结构、期限结构，如何才能保证负债的稳定性和流动性，又能保持相对合理的成本？在资产中，贷款、投资类债券、交易类债券、同业投资、其他资产等，什么样的品种结构和期限

---

① 唐纳德，等. 信用风险模型与巴塞尔协议[M]. 北京：中国人民大学出版社，2005.

结构既能不影响客户的经营，又能保证资产的灵活性和收益性？在资产和负债之间，什么样的品种结构和期限结构才能确保全行经营的流动性、安全性和收益性？监管指标应该成为银行主动管理的工具。

2. 当市场利率发生变化时，智能化分析系统能够及时给出不同的最优资产负债结构调整策略

传统上没有这样的智能分析工具，在市场利率发生变化时，为了保证利润计划按时完成，银行往往只能强制要求基层银行就贷款定价和存款定价做出规定。实际上，利率是由市场资金的供求关系决定的，同时也是由银行本身的市场地位决定的。强行抬高贷款利率，只会降低准入标准，提高风险容忍度；而降低存款利率，只会造成存款流失，形成流动性风险。此时应更多地考虑调整非信贷类资产的品种结构和期限结构，以调整收益结构；负债则需要调整主动负债和被动负债的结构。

3. 智能化的 FTP 系统能够及时给出合理的 FTP 价格，以引导各业务条线和各业务机构进行业务结构调整与收入结构调整

现在一些银行往往把内部资金转移定价（funds transfer pricing，FTP）当成一个考核指标，这是对 FTP 系统的误用，所以 FTP 往往成为业务条线、经营机构与总行相关部门进行利益博弈的目标，也就是说，经营机构把 FTP 看成与总行争夺利润的杠杆。本来应该通过 FTP 的引导，经营机构调整自身的经营行为，改变经营策略，开拓市场，调整客户结构，从市场获得盈利。这样所得到的业务结构、收入结构的结果，正是总行 FTP 所希望达到的目标。因此，FTP 价格的确定要遵守一定的规则，需要根据市场的变化动态地调整，有时甚至需要根据不同业务条线和经营机构制定不同的 FTP 价格。在实操中，前台部门和经营机构往往倾向于做一些大额的高收益资产，但它们并不清楚。因为做了一些高收益资产，资产负债管理部门需要持有相当数量的低收益甚至无收益资产进行流动性对冲。这样综合算下来，高收益资产带来的不是高收益，反而可能是低收益。这就需要有合理的 FTP 等工具来调节经营机构的行为，也需要利用大数据、云计算和人工智能等数字技术，进行动态、快速、精准的计算。

4. 汇率市场化下的本外币资产负债经营

如果一家银行外汇资产与负债形成一定规模，当汇率发生较大变化时，就会导致资产规模和负债规模的波动，形成明显的汇兑损益。为了更好地服务客

户,不可能通过简单压缩或增加外汇资产或负债规模进行调控,需要在总行层面进行适当的对冲操作。这种操作是在总行层面针对整体的资产负债进行的,金融市场部等业务部门无法操作,应该由资产负债管理部门在对全行资产负债综合分析的基础上,动态确定多层次、多批次的对冲方案。这样的分析与计算,毫无疑问要借助数字技术的赋能。此外,在应对市场利率变化方面,也需要进行类似的对冲操作。

5.为分支机构提供相应的管理工具

银行不同的业务条线和分支机构都有各自不同的专业、特点和规律。在资产负债结构比较单一的情况下,可以简单地按计划分配的方式进行资产负债管理。但在资产负债结构复杂、市场利率/汇率等瞬息万变的情况下,按计划分配的方式管理资产负债不仅会捉襟见肘,更会造成经营管理上的损失。例如,传统上一旦遇到宏观调控,银行就粗暴地强制要求基层银行压缩信贷规模或其他业务规模。在这种管理方式下,轻则提高管理成本、减少业务收入,重则损害客户利益,甚至产生不良资产。因此,要应用大数据、云计算和人工智能等数字技术,在总体资产负债管理的基础上,更科学、有效地对不同业务条线和经营机构的资产负债进行管理,同时也要为这些业务条线和经营机构提供一套既符合总行总体管理要求,又适合其自身资产负债管理的工具。

(二)新会计准则带来的挑战

2018 年开始实施的新会计准则(《国际财务报告准则第 9 号》①,IFRS9),不仅改变了记账方式和核算方式,就银行经营而言,更是对原有经营逻辑的颠覆,对经营管理提出了更高、更复杂的要求,必须应用数字技术改变银行经营管理模式,更有效地管理银行的经营方式和经营行为。

首先,新会计准则对金融资产重新进行了分类,由原来的 4 类改为 3 类:以摊余成本计量、以公允价值计量且其变动计入其他综合收益、以公允价值计量且其变动计入当期损益。受此影响,银行有相当一部分资产被归为后两类。在经营过程中,一是容易造成资产规模的波动;二是容易造成损益的波动;三是容易造成资本充足率的波动。造成这些波动的最直接因素是市场利率的变化。

① 中国会计准则委员会组织.国际财务报告准则:汉英对照.第 9 号,金融工具[M].北京:中国财政经济出版社,2015.

因此，银行在经营过程中必须全面深入地分析市场利率走势，考虑各种变化的可能性，结合董事会制定的经营目标，灵活、合理地配置各类资产，在平衡流动性、安全性的同时，平衡资产规模和利润，平衡资本管理目标。

其次，新会计准则以"预期信用损失法"替换原会计准则"已发生信用损失法"计量减值，不仅计量方式改变了，更为重要的是计提减值准备的量大大提高。尤其是在"预期信用损失法"下，对长期授信、低评级企业授信和低风险缓释授信的损失计提要求更高。这需要银行在平衡收益与风险的基础上科学地配置各类资产，同时还要通过 FTP 等手段引导经营机构和客户经理。在开展具体业务过程中，一方面在考虑收益时要计算减值计提因素，另一方面不能因为减值计提而牺牲客户合理的信用需求。在关于重资产、轻资产的取舍中，也有与此类似的地方，需要根据银行本身的禀赋和客户策略选择业务策略，不能就业务论业务，单纯偏重某类资产。银行的资产就像会计记账一样，需要借贷平衡，重资产需要轻资产来对冲，轻资产同样需要重资产来对冲。

(三)"营改增"带来的挑战

在银行缴纳所得税的情况下，税收基本上就是年底核算的工作，是财会核算部门年终工作的一部分。计算所得时，银行的利息收入和利息支出是轧差计算的。正因如此，经营机构和客户经理在办理业务时，通常会忽略税收因素，通过计算存贷利息轧差后的收入就能大概确认一笔业务的收益或盈利。

"营改增"后，银行缴纳增值税。作为流转税，增值税的计算与所得税有所不同。首先，银行业与工商业不同，对于哪些进项支出可以抵扣不容易判断，更有许多重要支出不能抵扣，如银行支出的大头——存款利息就不能抵扣。其次，在业务收入发生时就要进行纳税计算，但是形成这笔业务的成本很难有明确的对应进项。这在管理上形成了很大的矛盾。如果像过去一样，由财会部门事后为每笔业务进行进项对应，并计算应纳税额，一来非常困难，二来成本高、效率低，最终也只能得到一个不准确的数字。如果让客户经理在做业务时就进行计算，也不可行。一方面，客户经理缺乏增值税方面的知识，即使经过培训，也很难熟练掌握；另一方面，办理业务的效率或者服务客户的效率将大大降低。因此，不能不说，增值税增加了银行的管理成本。

针对"营改增"，银行采取的最佳办法就是将税务筹划前置，即在业务端就开始进行税务筹划。实际上，同样是满足客户的需求，在收入相同的情况下，不同的业务模式可以有不同的进项抵扣，应纳税额也就不同，这笔业务最终的利润也就不同。对一线客户经理进行税务筹划培训，理论上是可行的，实际上是不可能的。这就需要应用数字科技开发一套工具，让客户经理和经营机构在与客户洽谈业务的当下就可以进行税务筹划。前文讲到的 FTP 价格运用、相关信用资产减值计提等，都可以嵌入这个工具中。

银行数字化转型是为了解决金融问题，而不仅是为了应用某些数字技术，需要应用哪种数字技术应当由被解决的金融问题来决定。数字技术应用得恰当，可以更好地解决金融问题，这是银行数字化转型的要义。

金融创新、银行数字化转型需要三项技术共同发力，包括金融技术、制度技术和科技技术(数字技术)。金融技术是前提和基础，制度技术是规范和保证，数字技术是催化剂。

银行数字化转型需要研究各类数据在不同情境下与风险的相关性与约束力。银行信贷要解决三个问题：合适的信贷额度、借款人的还款能力、约束借款人还款的要素。借款人拥有良好的信用记录，不等于其一定会归还某笔贷款，必须有对借款人具有强约束力的要素迫使其必须还款。数据画像本身并不具有强约束力，传统的担保、抵押才具有强约束力。因此，同样的数据对于不同的客户具有不同的效用，在不同的环境下也具有不同的效用。

银行内部管理的内容极为丰富，遇到的新挑战也越来越多，但所有的内部管理都是指向业务的。银行数字化转型需要做好顶层设计。所谓顶层设计，不是简单的领导重视、“一把手”工程，或者董事会作出决议。数字化转型顶层设计的前提是经营管理的顶层设计，具体面向客户的业务则是顶层设计的结果。因此，数字化转型的顶层设计不只是设计一种科技系统架构，更应该让这种架构服务于银行经营管理的方方面面。为此，数字化转型更应研究经营管理需要解决的问题。

参考文献

[1]中国人民银行.中国金融稳定报告[M].北京:中国金融出版社,2020.

[2]中国社会科学院.金融监管蓝皮书:中国金融监管报告[M].北京:社会科学文献出版社,2021.

[3]库罗斯.计算机网络:自顶向下方法[M].陈鸣,译.北京:机械工业出版社,2009.

[4]中国人民银行支付结算司.中国支付体系发展报告2013[M].北京:中国金融出版社,2014.

[5]宋亮华.金融科技银行转型战略的企业教育解决方案刍探:基于数字时代金融科技生态的系统性教育[J].金融理论与教学,2018(5):21-26.

[6]王怀勇,邓若翰.互联网金融教育制度研究[J].南方金融,2017(11):77-83.

[7]王相怡.金融创新下风险监管的法律制度构建研究[J].现代营销(下旬刊),2019(6):222-223.

[8]周浒.论大数据时代个人隐私保护的现实困境与破局之术[J].征信,2019(12):43-47.

[9]世界银行.金融消费者保护的良好经验[M].中国人民银行金融消费权益保护局,译.北京:金融出版社,2019.

[10]郑志来.互联网金融对我国商业银行的影响路径:基于"互联网+"对零售业的影响视角[J].财经科学,2015(5):34-43.

[11]戴国强,方鹏飞.利率市场化与银行风险:基于影子银行与互联网金融视角的研究[J].金融论坛,2014,19(8):13-19+74.

[12]邱晗,黄益平,纪洋.金融科技对传统银行行为的影响:基于互联网理财的视角[J].金融研究,2018(11):17-29.

[13]战明华,张成瑞,沈娟.互联网金融发展与货币政策的银行信贷渠道传导[J].经济研究,2018,53(4):63-76.

[14]杨望,徐慧琳,谭小芬,等.金融科技与商业银行效率:基于 DEA-Malmquist 模型的实证研究[J].国际金融研究,2020(7):56-65.

[15]郭品,沈悦.互联网金融、存款竞争与银行风险承担[J].金融研究,2019(8):58-76.

[16]顾海峰,高水文.数字金融是否影响商业银行风险承担:基于中国 170 家商业银行的证据[J].财经科学,2022(4):15-30.

[17]郭丽虹,朱柯达.金融科技、银行风险与经营业绩:基于普惠金融的视角[J].国际金融研究,2021(7):56-65.

[18]黄益平,陶坤玉.中国的数字金融革命:发展、影响与监管启示[J].国际经济评论,2019(6):24-35+5.

[19]李苍舒,沈艳.数字经济时代下新金融业态风险的识别、测度及防控[J].管理世界,2019,35(12):53-69.

[20]王馨.互联网金融助解“长尾”小微企业融资难问题研究[J].金融研究,2015(9):128-139.

[21]唐松,赖晓冰,黄锐.金融科技创新如何影响全要素生产率:促进还是抑制?——理论分析框架与区域实践[J].中国软科学,2019(7):134-144.